Inhalt

Vom lieben Gott gestreichelt 2
Kelten-Römer-Werdenfelser 4
König Ludwig II. in Werdenfels 22
Werdenfelser Kunsthandwerk 30
Werdenfelser Brauchtumsjahr 46
Zugspitz-Region 104
Alpenwelt Karwendel 106
Mittenwald 110, Krün 116, Wallgau 128
Ammergauer Alpen 130
Oberammergau 132, Bad Kohlgrub 136, Bad Bayersoien 138, Unterammergau 142, Ettal 144, Saulgrub/Altenau 152
Das Blaue Land 156
Murnau 158, Seehausen 166, Ohlstadt 170, Uffing 176, Eglfing 178, Großweil 180, Riegsee 184, Spatzenhausen 186, Schwaigen 188
Zugspitzland 190
Eschenlohe 192, Oberau 196, Farchant 198, Garmisch-Partenkirchen 208, Grainau 226

Vom lieben Gott gestreichelt

Wer einmal hier war, kommt immer wieder! Im Südwesten von Oberbayern, das mit landschaftlichen Schönheiten und kulturellen Schätzen ohnehin reich gesegnet ist, breitet sich zwischen dem Zugspitzmassiv im Süden bis über den Staffelsee im Norden hinaus eine der schönsten deutschen Urlaubsparadiese aus: Das Werdenfelser Land. Die Menschen, die zwischen Oberammergau, Murnau, Mittenwald und Garmisch-Partenkirchen leben, sprechen eine eigene Sprache und sind geprägt von einer eigenen Geschichte. Sie sind aufgeschlossen, lebefreudig und der Heimat verbunden. In dem Buch „Bavaria, Land und Leute im 19. Jahrhundert", von Joseph Friedrich Lentner, das Paul Ernst Rattelmüller 1998 im Süddeutschen Verlag neu aufgelegt hat, heißt es dazu: „... zwischen der Isar und der Loysach wohnt ganz bayerischer Schlag. Es begegnen uns große, kräftige, vielfach schöne Leute guten gelenkigen Wuchses, mit länglichen Gesichtsformen, dunklen Augen und Haaren ... freundliche Mädchengesichter lassen sich finden neben wohlerhaltenen Weibern; sie sind gesund, werden sehr alt. Das Volk ist lebhaft, offen und zutraulich." Daran hat sich offensichtlich nichts geändert.

Die Region ist ein Paradies für seltene Tiere und Pflanzen und ein Land voller Gegensätze. Schroffe Felswände und steile Berghänge in den Gebirgen gehen langsam über in eine gepflegte, voralpine Hügellandschaft von unvergleichlicher Schönheit.

Spektakuläre Schluchten und grandiose Wasserfälle wechseln sich ab mit reizvollen Mooren, malerischen Flusstälern, kristallklaren Seen und warmen Badeoasen. Dazwischen grasen Gämsen, Kuh-, Schaf- und Ziegenherden auf üppigen Wiesen, auf den Almen blüht der Enzian und es tummeln sich die Murmeltiere: Oberbayern wie im Bilderbuch.

Traditionelle ländliche Bräuche haben sich hier ebenso erhalten wie feierlich begangene, kirchliche Hochfeste, die von einer tiefen Volksfrömmigkeit zeugen. Fasching heißt hier Fosanacht und die Narren Maschkera und diese treiben wie ihre Vorfahren den Winter noch als Schellenführer oder Jacklschutzer aus. Hier klappern an den Kartagen vor Ostern noch die Karfreitagsratschen und an Fronleichnam sind Straßen und Häuser ebenso herausgeputzt wie die Menschen selbst. Lüftlmalerei, Geigenbaukunst, Maskenschnitzerei, Menschen in ihrer traditionellen Werdenfelser Tracht sind Zeugen einer eigenständigen Kultur und werten das Ferienparadies ebenso auf wie das Kloster Ettal und die vielen barocken Kirchen und Kapellen in der Region.

Der liebe Gott hat's sicher gut gemeint mit dieser Landschaft, dachte wohl Bayerns Märchenkönig Ludwig II., als er im wildromantischen Graswangtal seine Lieblingsresidenz Schloss Linderhof errichten und sich 1870 auf dem Schachen im Wetterstein ein Jagdhaus orientalisch ausschmücken ließ. Auch Deutschlands Dichtergröße Johann Wolfgang von Goethe mag so gedacht haben, als er im Jahre 1786 aus Begeisterung über die ländliche Schönheit des Werdenfelser Landes im Gasthof zur Post in Mittenwald in sein Tagebuch notierte: „Nun ging mir eine neue Welt auf". Seither haben die vielfältigen Reize dieser Gegend noch viele Künstler angezogen. An Schriftsteller und Künstler wie Peter von Hess (1792 -1871) und Gustav Kraus (1804-1852) sei beispielhaft erinnert, die in ihren Werken die Natur geradezu romantisch verklärten. Oder der Maler Friedrich August von Kaulbach, der 1893 eine Villa in Ohlstadt baute, die ihm als Sommersitz diente. Ganz besonders aber ist zu denken an die avantgardistische Künstlergruppe „Blauer Reiter", die zwischen 1908 und 1914 in und um Murnau Motive und Inspirationen fand für ihre expressionistische Malweise. 1906 beschloss auch der in München geborene Komponist Richard Strauß am Fuße des Karwendels seine Sommerresidenz zu erbauen. Dort schrieb er 1915 inspiriert durch die beeindruckende Bergkulisse seine berühmte „Alpensinfonie".

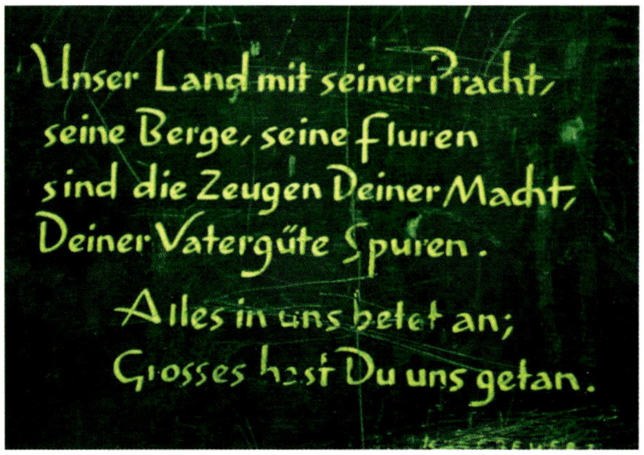

Kelten-Römer-Werdenfelser

Funde von Steinbeilen belegen, dass schon in vorgeschichtlicher Zeit Menschen in die Alpenregion vorgedrungen waren. Anzunehmen ist auch, dass sich die Kelten entlang der Flussläufe niederließen. So sollen die Flussnamen Isar, Loisach und Ammer keltischen oder illyrischen Ursprungs sein. Greifbar wird die Geschichte durch die Ausweitung des römischen Imperiums durch Drusus und Tiberius um 15 vor Christus bis zur Donau. Kaiser Claudius ließ vermutlich entlang eines bestehenden Saumpfades eine Straße über die Alpen bauen und in Partanum und Scarbia (Partenkirchen und vermutlich Scharnitz) Stützpunkte einrichten. Die „Via Raetia" über Brenner und Seefeldersattel und die „Via Claudia Augusta" über Reschen- und Fernpass, die Italien mit Augsburg (Augusta vindelicorum), damals Hauptstadt der Provinz Rätien, verband, sollten im Mittelalter für lange Zeit die Lebensadern des Werdenfelser Landes werden. Nach dem Abzug der Römer Ende des 5. Jahrhunderts drangen Bajuwarenstämme von Norden her in die Gebirgstäler vor und siedelten bis nach Bozen im heutigen Südtirol. Einige Römer, Walchen genannt, waren zurückgeblieben, vermischten sich mit den Kelten und lebten in abgelegenen Enklaven. Die Namen Wallgau und Walchensee gehen auf die Walchen zurück. Mit den Römern war das Christentum ins Land gekommen, doch erst im 8. Jahrhundert werfen erste Urkunden über Klostergründungen, wie die des Klosters Scharnitz bei Klais (763 n. Chr.), helleres Licht auf die geschichtliche Entwicklung. Um 802 taucht erstmals der Name Garmisch als germanische Siedlung auf. Im Jahre 955 fallen die Ungarn ein und legen Siedlungen und Klöster in Schutt und Asche. In Urkunden aus dieser Zeit tauchen die Adelsgeschlechter auf: die Welfen, die Grafen von Andechs als Erben der Huosi, die Grafen von Eschenlohe als Lehensleute der Grafen von Andechs, die Herren von Seefeld und das Rittergeschlecht der Mindelberger, Lehensleute der Welfen. Um das Jahr 1220 wurde die Burg Werdenfels gebaut, die der Region den Namen gab. Südlich von Farchant ist noch heute die Burgruine zu besichtigen.

„Wehr den Fels"-Werdenfels

1249 kaufte das Hochstift Freising Garmisch aus welfischem Besitz und 1294 die Grafschaften „ze Partenkirchen und ze Mittenwald" von Graf Berthold von Eschenlohe. Aus beiden Erwerbungen bildete das Hochstift Freising die Grafschaft Werdenfels und erwarb damit die Reichsunmittelbarkeit. Bis 1802 blieb Werdenfels Teil des fürstbischöflich regierten Freisinger Hochstiftsgebietes, das von einem Pfleger verwaltet wurde, der auf der Burg Werdenfels residierte. Ein halbes Jahrhundert hieß es nun der Überlieferung nach: „Unterm Krummstab ist gut leben", denn es soll eine glückliche Zeit gewesen sein, in der Handel und Warenverkehr blühten, sodass man Werdenfels bald „das goldene Landl" nannte. Im Zuge der Säkularisation wurde Werdenfels dem angrenzenden Herzogtum Bayern im neu gegründeten Landgericht Werdenfels und 1806 dem Königreich Bayern zugeschlagen. Kaum zu glauben, dass die Region, die heute beispielhaft für Oberbayern steht, erst seit gut 200 Jahren zum Bayernland gehört. Die damalige Grafschaft Werdenfels war bis zur Säkularisation gewissermaßen ein unmittelbar dem Reich unterstellter Kleinstaat. Die alte Grafschaft umfasste das Gebiet von Mittenwald bis Wallgau und das obere Loisachtal bis Farchant. Seitdem haben sich die Grenzen häufig verändert. 1827 kamen Ettal, Ober- und Unterammergau, Eschenlohe und Ohlstadt dazu, 1913 der Raum Kohlgrub und 1972 das gesamte Staffelseegebiet mit Murnau als Zentrum. Heute wird der gesamte Landkreis Garmisch-Partenkirchen als Werdenfelser Land bezeichnet.

Nahe dem Dorf Burgrain zwischen Garmisch und Farchant erhob sich einst etwa 80 Meter über dem Loisachtal auf einem Felsvorsprung die Burg Werdenfels, die Namensgeberin der Region. Von dort oben hatten die Burgherren den Garmischer Kessel und die Rottstraße, auf der jahrhundertelang Waren von nördlich der Alpen in den Süden Europas und umgekehrt vom Orient nach Nordeuropa transportiert wurden, fest im Blick. Heute sind von der Burganlage nur noch Mauerreste übrig.

Wann und von wem die Burg errichtet wurde, ist nicht überliefert. Es wird vermutet, dass Otto VII., Graf von Andechs, die stattliche Festung um 1219 zur Sicherung der Heerstraße bauen ließ. Historiker glauben aber, dass an der Stelle schon vorher eine befestigte Anlage stand. Urkundlich belegt ist, dass die Burg Werdenfels zusammen mit der Ortschaft Garmisch 1249 an das Erzbistum Freising verkauft wurde und bis 1632 Verwaltungsmittelpunkt der Grafschaft Werdenfels war. Danach begann der Verfall. Von 1730 bis 1733 diente die Burg als Steinbruch für den Bau der neuen Garmischer Pfarrkirche. Seit 1822 ist die Ruine in Privatbesitz.

Wovon sich die Bezeichnung Werdenfels ableitet, ist bis heute unklar. Die gängigste Version ist „Wehr den Fels".

Mit der Übereignung begann im Loisachtal der „Freisinger Krummstab“ zu herrschen. Im Jahre 1294 kaufte der Freisinger Erzbischof Enicho vom letzten Eschenloher Grafen, Berthold III., dessen Loisachbesitz und schuf so ein geschlossenes Territorium. 1297 ging auch die Schwaige Wang (Schwaigwang) in Freisinger Besitz über. Die Gebiete wurden schließlich in der Grafschaft Werdenfels zusammengefasst. Sie war reichsunmittelbar, also ein Herrschaftsbezirk, auf den das Herzogtum Bayern keinen Einfluss hatte, auch wenn es immer wieder Versuche gab, das Gebiet dem bayerischen Lande einzugliedern. Und das nahezu ein halbes Jahrtausend lang. Das Gebiet der Grafschaft erstreckte sich von Oberau bis zum Scharnitzpass und gliederte sich in die Gerichtsbezirke Garmisch, Partenkirchen und Mittenwald. „Wernfels“ galt dem Erzbistum Freising immer als „das beste Stuckh des Reichsfürstenthumbs Freysing“, wie Historiograph Carolus Meichelbeck 1724 schrieb. Bayerisch wird Werdenfels erst nach einem Geheimvertrag zwischen Paris und München 1802 und nach der Säkularisation 1803.

Hexenrichter Poyßl. Die Burg Werdenfels war unter dem Pfleger Kaspar Poyßl zu Atzenzell (1583-1589) Schauplatz düsterer Hexenprozesse. Obwohl sich Überlieferungen nach die geistliche und die weltliche Obrigkeit damals bei Anklagen wegen Hexerei zurückhielten und die 72 Werdenfel-

ser Schöffen sich weigerten, Todesurteile auszusprechen, kam es zu Hinrichtungen. Pfleger Poyßl blieb nichts anderes übrig, als die „peinliche Gerichtsordnung Kaiser Karl V.“ auszuführen. Bis zur Vollstreckung des Urteils wurden die „von Malefizgerichten überführten Hexen“ im Burgturm eingekerkert. Aktenkundig sind nur fünf „pese Leith“, die „schenndlichen Zauber und Hexerey gepfrauchen“, auch wenn im Volksmund bald von 55 Hingerichteten die Rede war. Als 1607 im Werdenfelser Land erneut eine Welle von Denunziationen drohte, ließ der fürstbischöfliche Hof die Anklagen niederschlagen und die Inhaftierten freilassen.

Wie die Burg einmal ausgesehen haben könnte, zeigt ein Modell, das bei einem Festumzug in Farchant auf einem Wagen mitgeführt und von einem Helebardenträger bewacht wurde.

Burgruine Werdenfels. Wie schon im Mittelalter führt noch heute der Weg vom Weiler Schwaigwang, wo sich der zugehörige Wirtschaftshof befand, durch einen Halsgraben zur Burganlage. Dort wo der Pfad aufs Burggelände trifft, dürfte das äußere (Zwinger-) Tor gestanden haben. Auf der Südseite ist in der Ruine noch die Hoffront des sogenannten „Palas" bis zur Höhe des Obergeschosses erhalten. Den Balkeneinlassungen nach hatte der Wohnbau drei Geschosse. Ein kleiner Teil des Burggeländes ist samt den Außenmauern des Palas abgerutscht. Die teilweise noch erhaltene Nordwand des Wohngebäudes wird im Erdgeschoss von drei Spitzbogenluken unterbrochen, deren einstige Funktion unklar ist. Entlang von West- und Nordseite verlaufen Zwingermauern bis zum „Mittertor".

Votivbild (Detail) in der Wallfahrtskapelle St. Anton in Partenkirchen: Durchzug der Kaiserlichen im Loisachtal.

Im Nordosteck des Berings ist noch eine enge Poterne (Schlupfpforte) im Original erhalten. Der Schuttkegel in der Mitte der Anlage könnte von dem eingestürzten Bergfried gebildet worden sein, dessen quadratisches Fundament noch zu erkennen ist. Da die Mauern durchschnittlich kaum einen Meter dick waren, die mögliche Angriffsseite nicht verstärkt war und es keine Flankierungstürme gab, nehmen Historiker an, dass die Burg als Verwaltungssitz errichtet wurde und nicht als Wehrbau. Ab 1905 wurden die Mauern gesichert und teilweise rekonstruiert. Seit 1986 werden schrittweise Erhaltungsarbeiten durchgeführt.

D'Werdenfelser Grenz'

Mit der Gründung durch das Hochstift Freising Ende des 13. Jahrhunderts begannen für die Grafschaft Werdenfels über Jahrhunderte andauernde Grenzstreitigkeiten, die aber meist durch Verhandlungen, verbunden mit teilweise umfangreichem Gebietstausch geregelt wurden. Der Grenzverlauf zum Landgericht Tölz wurde 1739 festgeschrieben, zum Klostergericht Benediktbeuern 1554 und zum Klostergericht Ettal 1736. Die Grenze zu Tirol mit den Landgerichten Freundsberg, Hörtenberg, Petersberg und Ehrenberg wurde endgültig erst in den Jahren 1766/68 festgelegt. Sie entspricht der heutigen Landesgrenze. Die Grenze zum Gericht Hörtenberg erfuhr dabei die größten Veränderungen. Am umstrittensten war der Scharnitzpass, auf dem die Straße von Mittenwald nach Innsbruck im Tal zwischen Wetterstein und Karwendel verläuft. Anfangs reichte das Grafschaftsgebiet bis nach Seefeld, doch immer wieder drängte Tirol darauf, die für seine Landesverteidigung wichtige Engstelle zu vereinnahmen.

Mit Ausbruch des Dreißigjährigen Krieges (1618) verschärften die Tiroler ihre Bemühungen. Als nach dem Einmarsch in München (17. Mai 1632) plündernde Schwedenhorden bis nach Eschenlohe und Kochel vordrangen, erwirkte Tirol das Recht, auf Grafschaftsgebiet an der engen Passstelle eine Befestigungsanlage zu errichten. Die Bauzeit dauerte bis 1634. Bei der Einweihung wurde die Talsperre nach der persönlich anwesenden Landesherrin Claudia von Medici „Porta Claudia" getauft. Eine weitere kleinere Schanze wurde am Ausgang des Leutascher Tals errichtet; Reste davon sind noch in der Nähe des ehemaligen Zollamtes zu sehen. Grenzbefestigungen bauten die Tiroler auch bei Reutte (Ehrenberger Klause), am Fernpass und bei Ehrwald (Ehrwalder Schanze). Obwohl an der Porta Claudia im Dreißigjährigen Krieg nicht gekämpft worden war, wurde die Festung 1670 weiter verstärkt.

Als Kurfürst Max Emanuel II. von Bayern 1703 zu Beginn des Spanischen Erbfolgekrieges im Bund mit Frankreich über das Inntal in Tirol eindrang, fielen die Tiroler Befestigungen an der Nordgrenze an Bayern. Max Emanuel wollte weiter zum Brenner ziehen, was der Tiroler Landsturm jedoch zu vereiteln wusste. Im August 1703 wurden die Ehrenberger Klause und die Porta Claudia zurückerobert. Bei den Kämpfen sprengten die bayerischen Truppen den Pulverturm und richteten große Zerstörungen an. Unter Kaiser Josef I. wurde die Scharnitzer Festung von 1705 bis 1711 wieder aufgebaut.

Teile der Schanze sind am Südende des Golfplatzes Oberau heute noch erkennbar. Dort steht auch ein alter Grenzstein von 1726 mit W für Werdenfels und B für Bayern beschriftet.

Im Juli 1762 richtete ein Hochwasser an der Talsperre schwere Schäden an. Kaiserin Maria Theresia ließ daraufhin mit Einwilligung von Fürstbischof Clemens Wenzelslaus von Freising weiter nördlich eine neue Befestigung errichten. Ihr Nachfolger Kaiser Josef II. verkaufte 20 Jahre später alle Festungen des Landes. Damit ging die Porta Claudia in private Hände über. 14 Jahre danach erwarb die Grafschaft Tirol die Festungen Scharnitz und Leutasch wieder zurück und baute sie aus. Im Jahre 1805 rückten die napoleonischen Truppen gegen die Porta Claudia und die Leutascher Schanze vor. Nachdem sich die Österreicher weigerten, die Befestigungen freiwillig zu räumen, überrumpelten die französischen Truppen unter Führung bayerischer Forstleute die Leutascher Befestigung von hinten. Die Porta Claudia widerstand vorerst dem Andrängen der Feinde. Als die Ortschaft Seefeld von den Napoleonischen eingenommen war, rückten diese von Süden nach Scharnitz vor und erzwangen nach erbitterten Kämpfen die Aufgabe. Tirol fiel im Januar 1806 an Bayern. Erneut zum Austragungsort heftiger Kämpfe wurde der Scharnitzpass beim Tiroler Bauernaufstand. Angeführt von Andreas Hofer drängten die Tiroler Bauern 1809 die bayerischen Besatzer über die Grenze zurück und befestigten die Porta Claudia erneut. Es folgten mehrere Schlachten, in denen die Anlage (auch die Leutascher Schanze) mehrmals den Besitzer wechselte. Danach kam es zu keinen Auseinandersetzungen mehr.

Heute sind noch Mauerreste der einstigen Grenzbefestigung in der Talebene sowie an der westlichen Bergflanke zu besichtigen. Seit einigen Jahren bemühen sich die Scharnitzer, die Porta Claudia zu einer Touristenattraktion zu machen.

Schlacht am „Steinernen Brückl“. Etwa zur Mitte des Dreißigjährigen Krieges einigten sich Werdenfels und Kurbayern auf einen Grenzverlauf zwischen Oberau und Eschenlohe. Zur Grenzsicherung gegen die von Norden her drängenden Schweden wurde in der Nähe des sogenannten „Steinernen Brückl“ eine Schanze errichtet. Vom Beginn des Spanischen Erbfolgekrieges an lies die bayerische Heerführung die Befestigung neu aufschütten und mit einem Wassergraben versehen. Am 11. Juli 1703 marschierte Kurfürst Max Emanuel mit seinen Truppen in Tirol ein, wurde dann aber zurückgedrängt und die Tiroler stießen über den Scharnitzpass ins Werdenfelser Land vor, obwohl sich der Freisinger Fürstbischof auf Neutralität berufen hatte. Drei Tage später kam es dann weiter nördlich am Steinernen Brückl zu heftigen Gefechten. Den Überlieferungen nach standen 8000 Tirolern 400 bayerische Verteidiger gegenüber. Trotz der Übermacht wehrten sich die Bayern an der neuen Schanze zunächst erfolgreich. Nach Aufzeichnungen von Schlachtteilnehmer Ignatz Dengler, einem Weilheimer Bildhauer, brach der Widerstand, als „acht Kompanien seind bei der Luisach durchbrochen, lauter Husaren und Dragoner“. Die Niederlage wird von Historikern als Ausgangspunkt für die Besetzung Bayerns gesehen, in deren Folge es zu den Aufständen gegen die Kaiserlichen kam, die letztlich in den blutigen Schlachten von Aidenbach und Sendling von 1705 (Mordweihnacht) endeten. Ein Denkmal erinnert an das Gefecht am Steinernen Brückl.

Bozener Markt

1487, nachdem die Venezianer Kaufleute den „Bozener Markt“ und die damit verbundenen Warenmärkte nach Mittenwald verlegt hatten, begann im Werdenfelser Land eine Glanzzeit des Handels. Nach dem Fall von Konstantinopel (Istanbul) war die Lagunenstadt Venedig zu hohem wirtschaftlichen Wohlstand gelangt. Grundlage waren unter anderem Handelsverträge mit dem Sultan von Kleinasien und Ägypten. Bozen war der Umschlagplatz für Waren in den Norden und in den Süden. Nachdem der ständig von Geldmangel geplagte Erzherzog von Österreich und Regent von Tirol und Vorderösterreich, Sigismund der Münzreiche, immer wieder Raubzüge unternommen hatte und schließlich auch gegen die Venezianer gezogen war, verlegten die Geschäftsleute aus Venedig ihren

Marktplatz kurzerhand auf die Nordseite der Alpen, nach Mittenwald. Zum einen lag der schon 1361 von Kaiser Karl IV. zum Marktflecken erhobene Ort im politisch sehr stabilen Freisinger Hochstiftsgebiet und zum anderen führte hier seit der Römerzeit die ausgebaute und bekannte Handelsroute nach Augsburg und Nürnberg vorbei. Zudem war dank des gut entwickelten Transportwesens (Rott) und der Flößerei ein kostengünstiger Warentransport möglich. Mit dem Markt wurde auch die Abrechnungsbörse zur Festlegung der Wechselkurse eingerichtet, denn es galten damals alle Münzen Europas und es trafen sich Händler aus allen Ländern, um Geschäfte abzuschließen. Auch der bayerische Herzog Albrecht reagierte darauf und ließ zur Beschleunigung des Warenaustausches ab 1492 die Kesselbergstraße bauen. Daraufhin wurden auch in den Orten, die an der Straße lagen, zahlreiche Gasthäuser mit Unterkünften für die vielen Fremden und große Warenlager gebaut. Mittenwald errichtete als erster Ort 1470 ein eigenes Ballenhaus, ebenso die erste Schule, da im Umgang mit fremden Kaufleuten auf Lesen, Schreiben und Rechnen nicht verzichtet werden konnte. Die Warenvielfalt, die in Warenhäusern lagerte und auf Käufer wartete, bestand aus Schätzen aus dem Orient und Italien: Erlesene Gewürze, Südfrüchte, Samt und Seide, feine Öle und köstlicher Wein. In Richtung Süden wurden überwiegend aus den Reichsstädten Augsburg und Nürnberg wertvolle Tuchwaren der Fugger und Welser sowie Goldschmiedearbeiten, Gebrauchsgegenstände und Waffen gebracht. Bis heute hat der Bozener Markt im Ortsbild Mittenwalds sichtbare Spuren hinterlassen: Breite, hohe Toreinfahrten, Tonnengewölbe und Dachspeicher zeugen von der einstigen Handelsmetropole, von der auch weiter isarabwärts gelegene Orte wie Bad Tölz, Wolfratshausen und selbst München profitierten. Fast 200 Jahre war Mittenwald mit den umliegenden Siedlungen Mittelpunkt des Nord-Süd-Handels. Als die Venezianer den Markt 1679 wieder nach Bozen zurückverlegten, führte dies zu einem wirtschaftlichen Niedergang.

__Erinnerungsfest.__ Alle fünf Jahre feiert Mittenwald in Erinnerung an die Blütezeit einen „Bozener Markt“. 2007 wurde an die Marktverlegung vor 520 Jahren erinnert. Das historische Markttreiben, auf dem altes Handwerk gezeigt wird, Gaukler und Feuerschlucker, Troubadoure, Kauf- und Edelleute auftreten, Marktstände, Faktoreien und Weinschänken ihre Waren feil bieten und Theater und musikalische Darbietungen für das richtige Ambiente sorgen, lockt immer wieder Tausende Besucher an.

Rottwesen

Zum Ende des Mittelalters kam es aufgrund zunehmender Handelsbeziehungen mit Italien zu einem wirtschaftlichen Aufschwung. Partenkirchen wurde für die finanzstarken Fugger in Augsburg und für die seefahrenden Welser eine wichtige Station. Dass der Warenaustausch auf den ehemaligen Römerstraßen recht umfangreich gewesen sein muss, lässt sich aus dem Aufleben des seit dem 14. Jahrhundert bestehenden Rottwesens mit Bildung einer eigenen Zunft „Rott“ schließen, mit dem das Niederlagerecht für Handelswaren verbunden war. Um 1500 gab es in den Rottstationen Mittenwald 24, in Oberammergau 18 und in Partenkirchen 36 Rottleute, meist Bauern, die das Fuhrwerk nebenbei betrieben und die Waren nach festgelegtem Plan von einer Rottstätte zur anderen transportierten, um sie dort einer anderen Rottgruppe zu übergeben. Das Wort Rott kommt vom lateinischen „rotare“ (rotieren) und deutet an, dass die Fuhrleute nach einem bestimmten Plan abwechselnd eingesetzt wurden. Im 15. Jahrhundert setzte auch die „Wasserrott“ ein, der Transport von Waren aus Italien auf Flößen über Loisach und Isar nach München. Auch Oberammergau, nebenan auf bayerischem Herzogsgebiet gelegen und seit 1364 dem Kloster Ettal unterstellt, besaß das Rottrecht. Doch der steile Ettaler Berg und die Ammerschlucht schreckten die Fuhrleute ab, sodass der Handel nicht in Schwung kam. Um ihr Auskommen zu verbessern, begannen die Oberammergauer mit der Holzschnitzerei.

Bäuerliches Leben der Altvorderen, dargestellt auf dem Historischen Festzug in Farchant

Almwirtschaft

Schwere Zeiten im Werdenfelser Landl

Getrübt wurde die Blütezeit bereits im Dreißigjährigen Krieg (1618-1648) als 1632 das habsburgische Tirol seine Grenzen bis zum Scharnitzpass nach Norden vorschob und dort die Festung „Porta Claudia“ errichtete. Ab dann zogen immer wieder kriegerische Horden durchs goldene Landl. Egal ob Freund oder Feind, sie bedienten sich und ließen oft schreckliche Verwüstungen zurück. Zusätzlich brachte die Pest Unheil über die Menschen. Zahlreiche Pestkapellen, die den Heiligen Rochus und Sebastian geweiht sind, legen noch heute Zeugnis über Not und Elend in dieser Zeit ab. Das Oberammergauer Gelöbnis, alle zehn Jahre ein Passionsspiel aufzuführen, geht auf diese schreckliche Zeit zurück.

Neue Blütezeit

Nach dem Krieg und der Pestepedemie ging es in Partenkirchen und Mittenwald zunächst weiter bergab. Die Rückverlegung des Bozener Marktes beschleunigte den Abschwung. Spätere Kriege, wie der Spanische und der Österreichische Erbfolgekrieg, belasteten die Bevölkerung ebenfalls schwer. Eine Besserung der Lebensverhältnisse für Partenkirchen und Mittenwald brachte dann allmählich die steigende Nachfrage nach Holz.

Die Partenkirchner begannen zudem mit Holzschnitzen und konnten so ihr Einkommen zusätzlich aufbessern. Manche Mittenwalder reisten nach der Marktauflösung als Hausierer und Händler in die Welt, wo sie Handelsniederlassungen gründeten. Mitte des 17. Jahrhunderts brachte Matthias Klotz den Geigenbau in das ehemalige Handelszentrum Mittenwald und läutete damit eine neue Blütezeit ein.

Wetzsteinmacher

Lüftlbilder „Wetzsteinmacherhandwerk" von Sebastian Pfeffer (Mittenwald) in Unterammergau.

Die Wetzsteinmacherei ist ein ausgestorbenes Handwerk. Kaum zu glauben, dass im Werdenfelser Land über 600 Jahre lang eine Vielzahl von Menschen ihr Auskommen damit hatte. Ein besseres sogar als mancher Bauer, denn die „Steinheil", wie die Wetzsteinmacher mit Bezug auf das Brechstangen ähnliche Werkzeug zum Steinabbau genannt wurden, waren meist Kleinhäusler mit einigen Kühen und Hühnern und mit ein paar Ackerflecken, auf denen sie Getreide, Kartoffeln oder Flachs anbauten. Zentren des Handwerks waren Ohlstadt und Unterammergau. Dass sich das Handwerk hier entwickeln konnte, liegt an dem Kalkfelsen, der in dieser Beschaffenheit offensichtlich nur in den Voralpen zwischen Unterammergau und Hohenschwangau vorkommt. Einen guten Stein zu finden, war nicht einfach. Bei Mathias Flurl (1756-1813), seinerzeit bayerischer Bergrat, heißt es dazu in der „Beschreibung der Gebirge von Baiern und der Pfalz": „Sie kommen aber bey weitem nicht in ganzen Felsmassen oder in mächtigen Flötzen vor, sondern das Gebirg besteht daselbst aus einer Menge von senkrecht nebeneinander stehenden Platten, welche nicht mehr als einen bis höchstens drey Zoll dick, selten ganz ineinander verwachsen und meistentheils vollkommen abgesondert sind." Der Bruch war Knochenarbeit und zuweilen lebensgefährlich, denn die Platten mussten oft zwischen vielen anderen Schichten (blinden Platten) in den Steilwänden „vom Gewänd" herausgeholt werden. In den Steinbrüchen erinnern noch heute Marterl an Verunglückte. Die harte Arbeit „im Gewänd" verrichteten nur Männer überwiegend in der kalten Jahreszeit und weil ein tägliches Heimkehren zur Familie zu zeitaufwändig gewesen wäre, übernachteten sie oft tagelang in spärlich eingerichteten Hütten.

In alten Aufzeichnungen von Ohlstadt wird das Handwerk erstmals 1350 urkundlich

Die Wetzsteine wurden zwischen Stroh und Sägemehl in Fässer verpackt.

Wetzsteinmacher-Museen. *Im Freilichtmuseum Glentleiten ist eine komplette Wetzsteinmacherei aufgebaut, um über das ausgestorbene Handwerk vom Werdegang des Wetzsteins vom Steinbruch bis zum Vertrieb zu informieren. Einen guten Einblick bietet auch das Museum im ehemaligen Forsthaus in Unterammergau, in dem der Historische Arbeitskreis an die Wetzsteinmacherei erinnert. Auch der Erlebnisgasthof Schleifmühle in Unterammergau widmet dem Handwerk seine Aufmerksamkeit.*

erwähnt. In einem Brief des Klosters Schlehdorf aus dem Jahre 1579 sind „Wöz-Stein" aus Ohlstadt genannt. 1754 gab es 18 Steinbrüche, 20 Schleifmühlen und 17 Wetzsteinmacher. 1673 wurden 60 000 bis 80 000 Wetzsteine gefertigt. 1805 gründeten die Wetzsteinmacher ihre eigene Zunft. In Unterammergau setzte die Blüte erst am Anfang des 19. Jahrhunderts ein. 1809 gab es 21 Schleifmühlen. Im Jahre 1865 waren es 32, davon 13 Doppelmühlen. Hierbei benutzten zwei Wetzsteinmacher eine Schleifmühle gemeinsam, weil Grundfläche und Wasserkraft beschränkt waren. 1817 fertigten in Unterammergau 86 Arbeitskräfte 80 000 Wetzsteine, 1904 wurden von 50 Arbeitern 180 000 Wetzsteine produziert und im Jahre 1913 schafften 35 Wetzsteinmacher 277 640 Stück. Nach dem Zweiten Weltkrieg starb das Handwerk vollständig aus. In der zunehmend technisierten Landwirtschaft wurden kaum noch Sensen und Sicheln und damit auch keine Wetzsteine mehr gebraucht. Und die wenigen, die noch nachgefragt wurden, konnten aus synthetischem Material billiger hergestellt werden. Die Wetzsteinmacher ließen ihre Erzeugnisse in Fässern auf dem Floß Loisach und Isar flussabwärts zu den Händlern bringen, die sie im gesamten Donauraum an den Mann brachten. Bald lief das Geschäft so gut, dass die Werdenfelser Wetzsteine zu den gut gängigen Exportgütern Altbayerns zählten. Später, als die mit 200 und 300 Steinen gefüllten Fässer von selbstgemachten, größeren Kisten abgelöst wurden und die Bahn den Frachttransport übernahm, erweiterte sich das Verbreitungsgebiet.

Ausstellung im Erlebnisgasthof Schleifmühle in Unterammergau

Buckelwiesen bei Klais

Fremdenverkehr

Die Verbreitung künstlerischer Werke, Holzschnitzerei und Geigenbau sowie die Erzählungen von der Schönheit der Landschaft der Berge, weckten bald bei der wohlhabenden Stadtgesellschaft die Neugier. Weil zu der Zeit auch die Eisenbahn gebaut wurde, 1879 bis Murnau, 1889 bis Garmisch und 1912 über Mittenwald bis zur österreichischen Grenze, reisten nach und nach immer mehr Erholungssuchende ins Werdenfelser Land. Die Staffelseeregion gehörte damals allerdings noch nicht zum „Landl“. Zu einem Geburtshelfer des Fremdenverkehrs wurde auch Heinrich Noe, der die Region in seinem 1880 erschienenen Deutschen Alpenbuch mit viel Enthusiasmus beschrieb. Einen kleinen Tourismusschub brachte Anfang des 20. Jahrhunderts das Aufleben des Automobilverkehrs.

Die IV. Olympischen Winterspiele 1936 machten den Alpenraum Garmisch-Partenkirchen schließlich weltbekannt. Die alpine Skiweltmeisterschaft 1978 sorgte für einen weiteren Aufschwung. Mit zunehmendem Wohlstand und Urlaubsanspruch ab Mitte der 50er Jahre entdeckten schließlich immer mehr Menschen die Schönheit und den Erholungswert der Region. Heutzutage kommen nicht nur eingefleischte Skifahrer, Bergwanderer, Liebhaber alpiner Idylle und Kulturfreaks, sondern auch viele Familien mit Kindern, um in idyllischer Landschaft Ruhe und Natur zu genießen.

Jubiläum Mittenwaldbahn

Festzug Farchant

„Der Blaue Reiter“

Als der Russe Wassily Kandinsky und seine deutsche Geliebte und Schülerin Gabriele Münter 1908 nach Murnau kommen, sind sie angetan von der abwechslungsreichen Voralpenlandschaft mit ihren klaren Farben, dem intensiven Licht und den gastfreundlichen Menschen. Das Paar war auf der Suche nach neuen Ausdrucksformen, wie viele Kunstschaffende dieser Zeit, die sich von den festgefahrenen Lehren der Kunstakademien im wilhelminischen Kaiserreich lösen wollten. In Murnau entwickelten sie einen neuen Malstil - weg vom bloßen (impressionistischen) Naturabmalen hin zu einem auf Grundformen reduzierten bildlichen Ausdruck mit kontrastreich gesetzten Farben. Kandinsky und Münter legten mit Freunden die Basis für die Abstraktion zum Umstieg in den „Expressionismus“: Eine Art kultureller Revolution in einer politisch, wirtschaftlich und kulturell relativ orientierungslosen Zeit, die bald alle Kunstbereiche umfasste.

Kandinsky und Münter liebten das Murnauer Moos, den Marktflecken, das hügelige Umland, die Berge im Hintergrund und fanden zahlreiche Motive, mit denen sie ihre Zuneigung zum Ausdruck brachten. Im Sommer 1909 kaufte Münter ein altes Haus an der Kottmülleralle in Murnau und es begann eine äußerst produktive Schaffensphase, deren Blüte abrupt endete, als Kandinsky 1914 zu Beginn des Ersten Weltkrieges als „feindlicher Ausländer“ Deutschland verlassen musste. Das von vielen Murnauern damals abfällig als „Russenhaus“ oder „Russenvilla“ bezeichnete Gebäude wurde neben München zum Hauptaufenthaltsort des Paares und zu einem beliebten Treff expressionistischer Künstler. Zusammen mit den Münchner Freunden Alexej Jawlensky und Marianne von Werefkin schuf das Paar in dieser Zeit Dutzende von Landschaftsbildern und Ortsansichten von Murnau. Dabei ließen sich die Maler auch von der bayerischen Volkskunst, insbesondere von der volkstümlichen Hinterglasmalerei des späten 18. und des 19. Jahrhunderts inspirieren. Heute vermittelt das Münterhaus samt Gartenanlage mit den erhalten gebliebenen, teils selbst bemalten Einrichtungsgegenständen und Kunstwerken einen Eindruck von der Wohnatmosphäre, aus der das Künstlerpaar fünf Jahre lang Kraft schöpfte. Zahlreiche Werke der Künstlergruppe „Blauer Reiter“ sind im Murnauer Schlossmuseum ausgestellt.

Im Jahre 1909 löste sich die Künstlergruppe endgültig von der impressionistisch orientierten Münchner Secession und gründete die „Neue Künstlervereinigung München“, zu der sich bald zahlreiche Avantgardisten gesellten. Ziel sei es, Formen der Darstellung zu finden, die vom Nebensächlichen befreit sind, um nur das Notwenige zum Ausdruck zu bringen. Es werde eine künstlerische Synthese angestrebt, heißt es im Gründungszirkular. Noch im selben Jahr fand die erste Ausstellung statt. Die öffentliche Anerkennung hielt sich in Grenzen. Gefangen von den neuen Ausdrucksformen war Franz Marc, der sich nun mit Kandinsky daran machte, dessen ehrgeizige Pläne, eine Anleitung, ein Nachschlagewerk für

Kunstschaffende zu realisieren. Das Ergebnis war ein Almanach, der als eine der bedeutendsten Schriften zur Kunst der Moderne gilt. Im Mai 1912 erschien das revolutionäre Manifest der künstlerischen Ziele der Expressionisten mit dem Titel „Der Blaue Reiter“, das mit Unterstützung namhafter Künstler wie Münter, Maria Marc oder Helmuth und August Macke entstanden war. Mit Texten und Bildern wird darin erklärt, dass in der Synthese der verschiedenen Künste das materialistische und positivistische Denken überwunden und eine geistige Erneuerung durch die Kunst in einer Art Heilungsprozess erreicht werden könnte. Der Interessenverbindung, die fortan auch Ausstellungen organisierte, gaben Kandinsky und Marc ebenfalls den Namen „Blauer Reiter“, abgeleitet von einem Bild Kandinskys, das auch das Cover des Almanachs zierte.

Kandinsky, 1866 in Moskau geboren, studierte Jura, Nationalökonomie und Ethnologie. Als 30-jähriger beschließt er, Maler zu werden und geht nach München. Nach dem Studium an der berühmten Azbè-Schule und bei Franz Stuck an der Münchner Akademie der Bildenden Künste gründet er 1901 mit Kollegen die Malschule „Phalanx“, in der sich auch Gabriele Münter ausbilden lässt, mit der Kandinsky schon bald eine Liebesbeziehung eingeht. Zwischen 1904 und 1908 unternimmt das Paar Reisen innerhalb Deutschlands, nach Russland, Italien, Holland, Tunesien und zu längeren Studienaufenthalten in Paris und Berlin. Nach ihrer Rückkehr nach München und der Sesshaftwerdung in Murnau beginnt eine künstlerisch fruchtbare Phase. Bei Ausbruch des Krieges geht Kandinsky nach Russland zurück, woran schließlich auch die Beziehung zu Münter zerbricht. 1917 heiratet der Künstler in Moskau, arbeitet für den Moskauer Museumsbereich und erhält an der dortigen Universität eine Professur. 1922 folgt Kandinsky dem Ruf ins „Bauhaus“ nach Weimar, arbeitet als Formmeister für Wandmalerei und gibt Grundkurse in Formen- und Farbenlehre. Mit Paul Klee, Lyonel Feininger und Jawlensky gründet er die Ausstellungsgruppe „Die blauen Vier“. Als 1933 das Bauhaus infolge der politischen Veränderungen geschlossen wird, siedelt Kandinsky nach Paris um. 1937 erklären die Nationalsozialisten 57 Werke des Malers in deutschen Museen für „entartet“. Im Dezember 1944 stirbt Kandinsky.

Gabriele Münter kam 1877 in Berlin zur Welt und wuchs in Herford und Koblenz auf. 1901 zieht es sie nach München, um unter anderem bei Kandinsky Malerei zu studieren, mit dem sie dann bis 1914 künstlerisch und privat eng verbunden den Wandel von der spätimpressionistischen Malerei in die Abstraktion vollzieht. Während des Ersten Weltkrieges lebt Münter in Skandinavien. Anfang der 20er Jahre orientiert sich die Künstlerin, sehr unter der Trennung von Kandinsky leidend, in Deutschland neu und befasst sich mit Druckgraphiken, Fotografien und Bleistiftzeichnungen, die fast nur Menschen abbilden. Nach ihrer endgültigen Rückkehr nach Murnau im Jahre 1931 mit ihrem neuen Lebensgefährten, dem Kunsthistoriker Johannes Eichne, knüpft Münter wieder an den „Blauen Reiter“ an. Ein vorheriger längerer Aufenthalt in Paris hatte ihr neue Impulse gegeben. Sie malt überwiegend Blumenstillleben und arbeitet an abstrakten Studien. 1937 zwingen die Nationalsozialisten die Künstlerin mit einem Ausstellungsverbot zum Rückzug. Nach dem Zweiten Weltkrieg kann Münter jedoch ihre Werke wieder in verschiedenen Ausstellungen präsentieren.

Anlässlich ihres 80. Geburtstages schenkt Gabriele Münter ihre einmalige Sammlung aus vielen eigenen Werken, 80 Kandinsky-Bildern sowie Arbeiten anderer Mitglieder des „Blauen Reiter“ der Stadt München, wodurch die städtische Galerie im Lenbachhaus Weltruhm erlangt. Bis zu ihrem Tod im Jahre 1962 bleibt Münter eine aktive Künstlerin.

König Ludwig II. im Werdenfelser Land

Schloss Linderhof

In der Einsamkeit des Graswangtals, inmitten herber Gebirgslandschaft nahe Ettal, dort wo sein Vater Maximilian II. schon eine Jagdhütte, das „Königshäuschen", eingerichtet hatte, ließ der Märchenkönig unter Leitung seines Architekten Georg Dollmann die „Königliche Villa Linderhof" errichten. Kein Bauwerk zum Repräsentieren, sondern ein privates Refugium sollte es sein, in das sich der weltflüchtige Monarch gerne zurückzog, allerdings ohne ganz auf Dienerschaft und Hofzeremoniell zu verzichten. Ludwig baute das Schloss als ein Monument absoluten Königtums und als Huldigung an die glanzvolle Zeit der französischen Könige des 18. Jahrhunderts, als deren geistiger Nachfolger er sich stets empfand. Schloss Linderhof, als Bautypus unter den Königsschlössern einzigartig, ist der einzige Schlossbau, dessen Vollendung der Regent erlebte und bis zu seinem tragischen Tod regelmäßig aufsuchte. Schloss Linderhof auf 1000 Metern Höhe ist vom Naturschutzgebiet „Ammergebirge", dem größten Bayerns, umgeben. Der Wald reicht bis in die Parkanlagen des Schlosses, die vom Oberhofgärtner des Königs, Karl von Effner, geplant und so angelegt wurden, dass sie fließend in die Natur übergehen. Das im Innern im „zweiten Rokokostil" ausgeschmückte Schloss mit Terrassenanlage und Bassin, in welchem sich über eine vergoldete Floragruppe eine 30 Meter hohe Wasserfontäne ergießt, verfügt über ein Vestibül, in dem eine bronzene Reiterstatue von Ludwig XIV. die Verbundenheit des Königs mit den absolutistischen Bourbonen-Herrschern zum Ausdruck bringt. Die Gobelinzimmer, das Audienzzimmer, das Schlafzimmer mit dem großen Königsbett, Ludwigs Ankleidezimmer (rosa Kabinett), das Speisezimmer mit dem versenkbaren „Tischlein deck dich" und der große Spiegelsaal sind so prunkvoll mit kostbaren Vertäfelungen, Vergoldungen, Kristallleuchtern, Elfenbeinlüstern, Teppichen, Marmor und Zierrat ausgeschmückt, dass sie eine schier maßlose Pracht entfalten. Im Park finden sich einige streng formale, barock gehaltene Gartenräume und an der Renaissance orientierte Kaskadenanlagen, ein Musikpavillon, ein maurischer Kiosk und das Marokkanische Haus, das Ludwig auf der Weltausstellung in Paris gekauft hatte. An Richard Wagners Musikdramen erinnern die Venusgrotte, die Hundinghütte oder die Einsiedelei des Gurnemanz, die zum großen Teil den Bühnenbildern der Wagner-Werke nachgeahmt wurden.

Beim Bau des Schlosses fanden viele Menschen der Umgebung Arbeit. Linderhof war Ludwigs Lieblingsschloss. Die nahen Brunnenkopfhäuser wie auch die Hütten auf dem Pürschling und dem Hochkopf waren Stätten der Zuflucht.

Der Märchenkönig. Wenn von König Ludwig II. die Rede ist, sind die verschiedensten Meinungen zu hören: Die einen verehren den „Kini" als Romantiker und als volksnahen Märchenkönig, der Bayern zahlreiche touristische Attraktionen hinterlassen hat, andere sehen in ihm einen weltfremden Sonderling, Spinner und Verschwender und wieder andere betonen ehrfürchtig, dass der Regent zumindest anfänglich seine Regierungsgeschäfte äußerst gewissenhaft erfüllt habe und als Pazifist seiner Zeit weit voraus gewesen sei. „Ein ewig Rätsel will ich bleiben mir und anderen", schrieb Ludwig einmal in einem Brief an seine Erzieherin. Damit kommt zum Ausdruck, dass sich der König seiner unangepassten Lebenseinstellung sehr wohl bewusst war. Ludwig wurde am 25. August 1845 in Nymphenburg als Sohn von König Max II. und Gemahlin Marie von Hohenzollern geboren. Ursprünglich hieß der Neugeborene Otto. Auf Drängen seines Großvaters und Taufpaten, König Ludwig I., wurde das Kind jedoch in Ludwig umgetauft, weil es am Ludwigstag geboren war und weil der Opa die Erinnerung wach halten wollte, dass sein Taufpate König Ludwig XVI. von Frankreich war. Diese Verbindung zu den Bourbonen sollte später starken Einfluss auf den König ausüben. Bereits im Alter von 18 Jahren bestieg Ludwig den Königsthron. Schon als Kronprinz war er von Richard Wagners Musikdramen verzaubert. Nach einer Aufführung des „Lohengrin" im Hoftheater 1861 wurde Ludwig zu einem schwärmerischen Verehrer des Komponisten und zu seinem lebenslangen Förderer. Enttäuscht über seine Machtlosigkeit im Spiel der europäischen Mächte und von den Regierungsgeschäften in München, zog sich König Ludwig immer mehr in die „Götterdämmerung der erhabenen Bergwelt", wie er selbst schrieb, zurück. Hier ersann er seine künstlichen Paradiese: Traumschlösser, die er mit seinen Idealen erfüllte. Als der Monarch, von den politischen Geschäften entbunden, am 13. Juni 1886 im Starnberger See sein tragisches Ende fand, war dies für große Teile der Bevölkerung ein Schock, denn sie hatten den Märchenkönig trotz aller Gerüchte um seinen Geisteszustand und seine sexuellen Neigungen längst in ihr Herz geschlossen. So außergewöhnlich sein Leben und so mysteriös sein Tod im Starnberger See waren, so unbestritten ist jedoch die Liebe König Ludwigs II. zur Bergwelt und zur Natur schlechthin. Dorthin flüchtete Ludwig vor der profanen Welt und richtete sich an landschaftlich besonders reizvollen Plätzen seine eigene Welt ein. Und an reizvollen Plätzen hat das Werdenfelser Land wahrlich genug.

Werdenfelser Kunsthandwerk

In der Heimat der Holzschnitzer stehen an vielen Wegrändern oder auf vielen Hügelkuppen Weg- oder Gipfelkreuze und Marterl. Meist stammen sie von gläubigen Künstlern, die damit ihre Dankbarkeit für ihre Begabung und für ihr Leben in Wohlstand in schönster Umgebung zum Ausdruck bringen wollen. Erst vor Kurzem hat Georg Meßmer, Hergottsschnitzer aus Unterammergau, auf einem Hügel ein Kruzifix mit dem sterbenden Christus errichtet, in dem die künstlerische Leidenschaft der Ammergauer Schnitzer voll zum Ausdruck kommt. Man kann Jesus am Kreuz förmlich leiden sehen.

Wann die ersten Bauern im Ammergau damit anfingen, mit der Holzschnitzerei die rauen, langen Winternächte zu verbringen und sich so ein Zusatzeinkommen zu sichern, ist nicht genau bekannt. Den frühesten Hinweis liefert ein Bericht aus dem Jahre 1111, wonach Rottenbucher Mönche „… die aus dem Ammergau mitgebrachte Kunst, allerlei kleinen Hausrat zu schnitzen …“ ins Berchtesgadener Land brachten. Sicher ist, dass angesichts der Schwierigkeiten, mit den kargen Erträgen aus der Landwirtschaft das Leben zu fristen, zum Ende des Mittelalters immer mehr Einwohner die Schnitzkunst als Haupteinnahmequelle entdeckten, was mit den Klöstern Ettal und Rottenbuch und deren Bedarf an Devotionalien in Zusammenhang stehen mochte.

Holzschnitzer

Georg Meßmer, Hergottsschnitzer in Unterammergau

Im Pilatushaus kann die Entstehung einer Skulptur miterlebt werden

So entwickelte sich der Ammergau mit dem Kernort Oberammergau zum Zentrum alpenländischer Schnitzkunst und Holzbildhauerei. Schon 1520 lobte ein Florentiner in seinem Reisebericht „die Feinheit der Oberammergauer Schnitzerei". 1563 gab der Abt von Ettal den Ammergauer Schnitzern sogar eine eigene Handwerksordnung. Zu dieser Zeit verkauften die Schnitzer ihre Erzeugnisse meist noch vor Ort und „Kraxenträger" brachten als Hausierer die Volkskunst unter die Leute.

Im 18. Jahrhundert entstanden in Oberammergau nach und nach mehrere Handelshäuser mit Niederlassungen in ganz Europa. Fortan, nicht zuletzt motiviert durch das Bekanntwerden der Passionsspiele, erwarben die „Herrgottsschnitzer" wie die Kunsthandwerker seit Ludwig Ganghofers gleichnamigen Roman genannt wurden, bald überregional hohes Ansehen. Noch heute bestimmen sakrale Objekte wie Krippenfiguren und Mariendarstellungen das Angebot der Schnitzer, auch wenn es kaum noch Aufträge von den Kirchen für neue Arbeiten gibt. Die Zahl der Werkstätten ist von 300 um 1900 auf etwa 50 zurückgegangen.

Aufschlüsse über das Schnitzerhandwerk gibt ein Besuch im Pilatushaus, in dem sich heimische Holzschnitzer bei der Arbeit in einer lebendigen Werkstatt über die Schulter schauen lassen und wo auch ihre Kunstwerke ausgestellt und verkauft werden.

Im Oberammergauer Heimatmuseum sind Schnitzereien aus allen Epochen und zahlreiche Weihnachtskrippen ausgestellt. Seit 1887 gibt es in Oberammergau eine Staatliche Berufsfachschule für Holzbildhauer.

Lukasverein. Wer durch die Straßen Oberammergaus geht, kann in vielen Schaufenstern Schnitzware bewundern. Darunter befindet sich zuhauf Massenware aus Fernost und aus maschineller Herstellung. Holzschnitzerei aus Oberammergau dagegen ist reine Handarbeit. Deutliche Merkmale sind individuell gearbeitete Gesichtszüge der Figuren, sichtbar gemachte Dynamik der Bewegung und ein stufiger Faltenwurf der Gewänder. Damit das heimische Kunsthandwerk dauerhaft erhalten bleibt, wurde 1836 der Lukasverein gegründet. Dieser garantiert für seine Mitglieder

Michaela Müller, Holzbildhauerin in Oberammergau

die Herstellung in Handarbeit. Ihre Schnitzergebnisse sind am Stempel „Handgeschnitzt Oberammergau" zu erkennen. St. Lukas ist der Schutzpatron der Maler und Bildschnitzer. Ursprünglicher Hauptzweck des Lukasvereins war es, sich gegenseitig in Krankheit und Not zu unterstützen. Heute verstehen sich die Mitglieder als Bewahrer der Volkskunst und den Verein als Präsentationsplattform für gelernte Schnitzer

Schnürlkasperl. Neben den religiösen Schnitzereien hatte auch die Herstellung profaner, figürlicher Holzwaren immer große Bedeutung. Mit Schwerpunkt in den kleineren Familienwerkstätten wurde im 18. und 19. Jahrhundert einfaches Kinderspielzeug hergestellt. Selbst Kronprinz Ludwig, der spätere Märchenkönig Ludwig II. spielte mit Figuren aus Oberammergau. Der Überlieferung nach legte Großmutter Königin Therese 1851 Ludwig und dessen Bruder Otto 150 bunte Holzsoldaten und eine Spielzeugfestung unter den Christbaum und ein Jahr später kamen noch eine Burg, ein Wachturm und 200 bewegliche Kämpfer dazu. Besondere Bedeutung erlangte die Anfertigung von Hampelmännern, den sogenannten „Fadengauklern" oder „Schnürlkasperln", da diese den schlitzohrigen Oberammergauer Schnitzern offensichtlich auch dazu dienten, subversiven bäuerlichen Spott zu verbreiten. So zeigt zum Beispiel ein Fadengaukler im Oberammergauer Heimatmuseum vorne einen napoleonischen Soldaten, hinten einen Harlekin. Angeblich wollte der Schnitzer damit die napoleonischen Rotröcke als lächerliche Hanswursten darstellen.

Geigenbau

Die wirtschaftliche Flaute nach der Rückverlegung des Marktes nach Bozen 1679 hatte viele Mittenwalder in eine ernste Notlage gebracht. Da passte es gerade in die Zeit, dass der Schneidersohn Matthias Klotz (1653-1743) aus Italien zurückkam und in seinem Geburtsort das Handwerk des Lauten- und Geigenbaus etablierte. Klotz hatte als junger Mann die Grundbegriffe des Zupfinstrumentenbaus – vermutlich in Füssen – gelernt und als Geselle sein Können in Padua bis 1678 verfeinert. Um 1683 eröffnete Mittenwalds berühmtester Bürger die erste Werkstatt für Instrumentenbau. Vor der Mittenwalder Kirche erinnert ein 1890 von Ferdinand von Miller gegossenes Matthias-Klotz-Denkmal an den großen Instrumentenbauer

In den Wäldern stand genug gutes Tonholz aus Ahorn und Fichte, das in einer Höhe von über tausend Meter Höhe langsamer wächst und daher härter wird. Der Erfolg stellte sich ob der Konkurrenzlosigkeit und der guten Lage an der Handelsstraße bald ein. Klotz bildete nach und nach seine Kinder und andere Jugendliche im Handwerk aus, die sich wiederum selbstständig machten. Zahlreiche Händler machten sich zudem in die weite Welt auf, um als Hausierer die Instrumente zu verkaufen. Weil die höfische Musik damals im Aufwind war, wurde der Instrumentenbau zusätzlich angekurbelt, sodass der Berufszweig bald vielen Familien Verdienst und Brot brachte.

Auch Wolfgang Amadeus Mozart spielte auf einer Geige aus Mittenwald. Mitte des 18. Jahrhunderts existierten bereits 15 Familienbetriebe, die Geigen, Violas, Violoncelli, Gamben, Zithern und Kontrabässe fertigten. Viele Bauern schnitzten nebenher Schnecken, Wirbeln, Zargen und Teile von Instrumentenkörpern, die sie an die Werkstätten lieferten und sich so ein Zubrot verdienten. Im 19. Jahrhundert brachte der Trend zur Hausmusik erneut einen Schub, so dass die Herstellung von Saiteninstrumenten im Ort zur wichtigsten Erwerbsquelle wurde. Um 1800 waren rund 80 Geigenbaubetriebe in Mittenwald registriert. Heute halten dort noch ein knappes Dutzend Geigenbauer den erworbenen Weltruf aufrecht.

Franz Leonhardt, *Geigenbauer in Mittenwald*

Geigenbaumeister Leonhardt. In der Firma Leonhardt in Mittenwald werden heute noch basierend auf der langen Geigenbautradition Streichinstrumente in Handarbeit hergestellt. Anton Dietl hatte 1926 die Werkstatt gegründet und den Meisterbetrieb 1968 seinem Schwiegersohn Wilfried Leonhardt übergeben. Dessen Sohn Rainer W. Leonhardt leitet die Werkstatt seit 1997, nachdem er an der Mittenwalder Geigenbauschule das Handwerk gelernt, bei mehreren Bogen- und Geigenbaumeistern Erfahrungen gesammelt und in München die Meisterprüfung absolviert hatte. „Natürlich hat mir mein Vater auch viel mitgegeben", betont Leonhardt, dessen musikalische Kundschaft nahezu in aller Welt lebt. Leonhardt repariert, restauriert und stimmt auch Streichinstrumente. Auch Sonderanfertigungen macht der Instrumentenbauer möglich. Ständig hält er Kontakt zu Musikern, um deren Erfahrungen und Ansprüche berücksichtigen zu können. „Der gute Ton beginnt beim Holz", sagt Leonhardt und verweist auf die vielen sorgsam gelagerten Stapel im Dachgeschoss. Bei Ihm kommen nur alte, abgelagerte Fichten- und Ahorntonhölzer aus einheimischen Wäldern sowie aus Bosnien, Österreich und Italien infrage und das Holz muss zur richtigen Mondphase geschlagen worden sein. Der Bau einer „weißen Geige" (unlackiert) dauert rund 120 Stunden. Das vorsichtige Lackieren mit speziellen, klangfördernden Farben kommt noch hinzu. Ziel ist ein möglichst vollkommenes Instrument, deren Ausgeglichenheit, leichte Ansprache sowie deren farbige, warme und tragfähigen Töne Musiker begeistern. Dass man in der Geigenbauwerkstatt das Handwerk versteht, bezeugen zahlreiche Internationale Preise und Auszeichnungen. Gerne lässt sich Leonhardt von Besuchern bei der Arbeit zuschauen und zeigt sein Instrumentenlager, seine Werkstatt und seine Holzreserven.

Geigenbaumuseum. Im Jahre 1930 wurde in einem der reizvollsten und ältesten Häuser in Mittenwald ein Geigenbaumuseum eingerichtet. Nach einer Erweiterung und Neukonzeption der Ausstellung im Jahre 2005 werden zwei große Themenbereiche präsentiert. Zum einen wird die Entwicklung des Mittenwalder Instrumentenbaus von Matthias Klotz bis zur Gegenwart nachgezeichnet und zum anderen die vom Instrumentenbau stark beeinflusste Ortsgeschichte. Eine Schauwerkstatt gibt einen Einblick in den Arbeitsplatz eines Geigenmachers und es sind rund 200 Instrumente aus der ganzen Welt zu bewundern, darunter auch Instrumente aus allen bedeutenden Mittenwalder Werkstätten, vom schlichten Verlegerinstrument bis zur Meistervioline, von der Kindergambe bis zum Kontrabass, von der Streichzither bis zur Gitarre. Zahlreiche Bilder, Karten, Schautafeln und Werkzeuge ergänzen die Ausstellung. In einem separaten Raum werden Konzerte gegeben, Vorträge gehalten und Sonderausstellungen konzipiert.

Geigenbauschule. Seit über 150 Jahren trägt auch die staatliche Berufsfachschule für Geigenbau und Zupfinstrumentenmacher zu Mittenwalds Ansehen als Geigenbauzentrum bei. Sie ist die einzige ihrer Art in Deutschland, wurde 1858 auf Anregung von König Max II. gegründet und begann mit einer Unterrichtswerkstatt von Johann Kriner. Die Nachfrage nach Instrumenten, die in alter Mittenwalder Klotz-Tradition gebaut wurden, hatte damals nachgelassen, stattdessen waren Geigen in italienischer Bauweise in Mode gekommen. König Max II. setzte darauf, durch eine bessere Ausbildung und Fortbildung der Instrumentenbauer dem Trend gegenzusteuern. Seitdem hat sich die Schule – nur mit Unterbrechung während des Zweiten Weltkrieges – zu einer modernen Berufsfachschule entwickelt. Pro Schuljahr werden 12 Geigenbauer und vier Zupfinstrumentenmacher aufgenommen. Alle vier Jahre schreibt die Schule Internationale Geigenbauwettbewerbe aus, zu der Geigenbauer aus aller Welt ihre in alter Tradition gefertigten Instrumente zur „Olympiade der Streichinstrumente“ einreichen.

Hinterglasmalerei

Votivbild im Museum Oberammergau (oben). Seitenaltarbild in der Pfarrkirche Seehausen (rechts)

Die Ursprünge der Hinterglasmalerei liegen in der Antike, wo man graviertes oder bemaltes Blattgold zwischen zwei Glasschichten einschmolz. Erst in der Renaissance entwickelte sich das eigentliche Hinterglasbild, das hinter Glas gemalte Altar- und Votivbild, woraus die tüchtigen Venezianer eine florierende Industrie entwickelten. Über die Handelsverbindungen über die Alpen nach Italien kam das künstlerische Handwerk Mitte des 17. Jahrhunderts in den Raum Murnau, Seehausen, Uffing und Oberammergau. Als Glashüttenmeister Tritschler 1731 in Aschau, in der Nähe des heutigen Grafenaschau gelegen, eine Glashütte einrichtete, lebte die Hinterglasmalerei auf. Vermutlich durch die Lage an der Fernstraße von Augsburg nach Italien bedingt, entwickelte sich zuerst Murnau zu einem Zentrum dieses Kunsthandwerks. 1760 arbeiteten hier drei Maler, ein Jahrhundert später schon 18. Doch bald entstanden auch in den Nachbarorten kleine Nebenerwerbs- und Familienbetriebe, deren Bilder über Kraxenträger und Händler nicht nur in Bayern, sondern in ganz Europa, von Stockholm und Sankt Petersburg bis nach Spanien und Amerika, verkauft wurden.

Nach dem Vorbild der „Augsburger Schule" entstand mit der Zeit eine eigenständige Volkskunst, die sich mit ihrer Ausrichtung zur Abstraktion und ihrer Motivwahl deutlich von der anderer Regionen, wie zum Beispiel von der hüttengewerblichen des Böhmer- und Bayerischen Waldes, unterschied. Hauptsächlich wurden zwar biblische Motive und Namenspatrone abgebildet, aber auch Gebirgslandschaften, Pflanzen und Tiere. Die farbintensive, lebendige Malerei faszinierte auch die Maler Wassily Kandinsky und Franz Marc. In ihrem Almanach „Der Blaue Reiter" veröffentlichten sie neun Glasbilder aus der Sammlung des Murnauer Braumeisters Johann Krötz (1858 – 1919), die heute der Gemeinde Oberammergau gehört und im dortigen Museum/Pilatushaus im Obergeschoss zu bestaunen ist. Das Schlossmuseum Murnau bietet ebenfalls einen Einblick in die Entwicklung der Volkskunst, die im Werdenfelser Land heute noch fortlebt. Die Motive haben sich der Zeit angepasst. Wie zahlreiche Künstler jedes Jahr aber wieder in Ausstellungen zeigen, hat sich die farbenprächtige Ausdruckskraft der Hinterglasbilder erhalten.

Lüftl-Malerei

Wie nirgendwo in Bayern hat sich im Werdenfelser Land seit Mitte des 18. Jahrhunderts eine besonders farbenfrohe und abwechslungsreiche Form der Fassadengestaltung herausgebildet und erhalten: die Lüftlmalerei. Reich davon sind Oberammergau, Garmisch-Partenkirchen und Mittenwald, aber auch in kleineren Orten wie Wallgau, Krün oder Bad Kohlgrub gibt es wundervolle bildliche Darstellungen, von denen eine hohe touristische Anziehungskraft ausgeht. Dass sich die Fassadenmalerei gerade in dieser Region so ausprägen konnte, mag daran liegen, dass die Menschen hier noch eine „barocke Seele“ haben, wie mancher Reiseführer gerne erzählt. Naheliegender ist, dass der über Jahrhunderte rege Handel mit den Nachbarn südlich der Alpen ausschlaggebend war. Die Lage an den Handelsstraßen war nicht nur für die Verbreitung der Kunstform bedeutsam, sondern auch dafür, dass sich infolge des Warenaustausches, von dem auch Bauern und Handwerker profitierten, in der Gegend ein Wohlstand entwickeln konnte. Dieser erlaubte es vielen Hausbesitzern, sich die Bemalung ihrer Häuserfronten zu leisten.

Zwei besonders reizvolle, neuzeitliche Ausprägungen der Fassadengestaltung befinden sich am Ortseingang von Oberammergau: Das Hänsel und Gretel-Haus mit seinen vielen Märchenmotiven und gegenüber das Rotkäppchenhaus.

Die Wurzeln der Fassadenmalerei liegen

Hl. Rasso am Hotel Zum Rassen

auch bemalen konnte. Und der Künstler hatte nur wenige Stunden Zeit und jeder Strich musste sitzen, denn Ausbesserungen waren nur über eine aufwändige Putzerneuerung möglich. Mit den modernen Farben und der Entwicklung neuer Techniken ist das Malen auf trockenen Putz – „al secco“ heutzutage weniger stressig. Für manchen Kunstsinnigen ist dies aber keine Fresko-Malerei mehr. Im Wesentlichen gleich geblieben ist indes die Vorbereitung. Bei der Herstellung einer Freskomalerei werden die Darstellungen auf Karton oder Packpapier in Originalgröße vorgezeichnet und dann durch Nachziehen mit einem spitzen Gegenstand leicht eingedrückt. Die feinen Riefen sind am fertigen Fresko vereinzelt noch erkennbar. Manchmal wird die Vorzeichnung auch in der Technik der Lochpause auf die Wand übertragen. Dabei werden die Umrisse der Darstellung durchstochen oder mittels eines gezahnten Pausrädchens durchlocht. Anschließend legt man das Blatt auf den Putz und stäubt mit einem mit Farbpulver, Papierasche oder zerstoßener Holzkohle gefülltem und staubdurchlässigen „Pausbeutel“ darüber. Wobei das Pulver durch die Stichlöcher dringt und sich darunter punktförmig ablagert.

Pilatushaus, Oberammergau

Die Begründer der Lüftlmalerei: Zwinck und Karner

Zu Zwincks schönsten Arbeiten zählt das Hornsteinerhaus in Mittenwald, wo der Künstler für die Enthauptung des Holofernes durch Judith das gesamte Giebelfeld als Bühne gestaltet. Auch beim Gasthof zur Post in Garmisch malte der Künstler über die gesamte Giebelbreite, um einen Bühnencharakter für drei Szenen zu erzeugen. Am deutlichsten zeigt sich dieser von Kunsthistorikern auch „Theatermalerei“ genannte Stil beim Pilatushaus in Oberammergau. Sowohl am Giebel als auch an der Südseite wird der Betrachter auf einer von Säulen und Balustergeländern begleiteten Treppe hinauf in einen Palast geführt, in dem – wie in einer Theaterszene – Christus vor Pilatus steht: ein Meisterwerk der Architekturmalerei (Scheinarchitektur). Am Forsthaus in Oberammergau oder am Gasthof Alpenrose in Mittenwald wählt Zwinck indes eine ganz andere Kompositionsform. Er zieht an der Fassade in Fensterbreite samt Rahmen senkrechte helle und dunkle Streifen und bemalt die Felder zwischen den Fenstern mit szenischen Darstellungen. Das Mittenwalder Gasthaus schmückt zusätzlich auf voller Breite ein Fresko mit vielen Heiligen und Putten, die auf einer Wolke schweben. Der Autodidakt Karner (1737-1817) war hauptsächlich in Mittenwald tätig, wo insbesondere das Seitz- und das Schlipferhaus als Beleg seines künstlerischen Talentes

Unterammergau

erhalten sind. Er hatte sich sein Können offenbar durch die Nachahmung von damals weit verbreiteten Kupferstichen großer Meister angeeignet und benutzte solche auch als Vorlagen, wie sich aus manchen Szenen ableiten lässt. Wie die Fresken am Gasthof Alte Post in Wallgau und am Haus Alpenrose in Krün zeigen, malte er einige Motive mehrmals. Indem er sich oft über die Architektur hinwegsetzte und seine Szenen meist in Wolkenrahmen setzte, hatte Karner einen eigenen Stil entwickelt. Teil davon sind auch Bänder mit frommen Sprüchen sowie Ecklisenen (verstärkte vertikale Mauerblenden). Besonders beim Schlipferhaus, wo eine ganze Fassade mit verschiedensten Motiven und Formen gefüllt ist, fällt auf, dass Karner hinsichtlich der Kompositionsform eher unbeschwert war. Ob auch die gewaltigen Fresken am Neunerhaus von ihm oder doch von Matthäus Günther-Schülern stammen, die damals den Mittenwalder Kirchturm verzierten, ist ungeklärt.

Bad Kohlgrub

Zwinck malte auch Fresken in Kirchen. St. Martin, Garmisch

Gasthof Fraundorfer

Heinrich Bickel

Heinrich Bickel (1887-1965) gilt als „Freskenmaler von Werdenfels“ und als Erneuerer der „alten Lüftl-Malerei“. Insbesondere in Garmisch-Partenkirchen tragen viele Fresken Bickels Unterschrift. Am Gasthof Fraundorfer in der Ludwigstraße wird eine traditionelle Bauernhochzeit mit Hochzeitslader dargestellt. In der Römerstraße, in der Ballengasse, am Brunnhäuslweg und in der St. Anton-Straße hat Bickel ebenfalls seine Spuren hinterlassen. An der Hausfassade des Bräustüberls sind zechende Bergbauern mit wuchtigen Charakterköpfen zu sehen und auch im Innern des Bräustüberls findet man zahlreiche, eindrucksvolle Malereien von Alltags-Szenen. Heinrich Bickel arbeitete als Fresko- und Häusermaler über 40 Jahre lang. Seine phantasievollen und wie lebendig wirkenden Bilder erzählen vom einfachen, glücklichen Leben, vom Dorfalltag, von Bräuchen, von der Arbeit der Jäger und Hirten. Er hielt die Menschen fest, wie sie sich sehen wollten. Häufig enthalten seine Bilder Hinweise auf das Gewerbe des Hausbesitzers oder zeigen Motive aus dem bäuerlichen Leben.

Zum Jahrhundertwechsel ins 21. Jahrtausend sind es hauptsächlich Gerhard Ester in Garmisch und Sebastian Pfeffer in Mittenwald, die dafür Sorge tragen, dass die Lüftl-Malerei nicht in Vergessenheit gerät. Während die Leistung des 1939 in Padua geborenen Ester mit Schwerpunkt in der Restaurierung von Fresken zu finden ist, hat Sebastian Pfeffer einen modernen Stil geprägt und mit Schwerpunkt in der Region, aber auch bis hinunter nach Südtirol und hinauf nach Flensburg Fassaden verschönert.

Am Hotel Husar blicken aus einem Fresko-Fenster ein Husar und ein Infanterist, eine Erinnerung an eine Einquartierung französischer Husaren und bayerischer Infanteristen um 1800. Die Legende erzählt, dass es die Verbündeten damals auf dem Normalweg nicht schafften, nach Tirol vorzudringen. Weil es die Soldaten recht bunt trieben und dem Wirt zur Last fielen, zeigte ihnen dieser schließlich einen Schleichweg. Dieser wird heute noch „Franzosensteig“ genannt.

Gasthof Fraundorfer, Partenkirchen

Sebastian und Stephan Pfeffer

Die Freude an der Farbigkeit als Ausdruck des Charakters der Werdenfelser sei mit der Grund, dass sich die Lüftl-Malerei in der Gegend so ausgebreitet und auch heute noch einen großen Stellenwert habe, sagt Sebastian Pfeffer. Der 1936 als Nachkomme eines schon im 16. Jahrhundert belegten Mittenwalder Geschlechtes geborene Künstler studierte in München an der Kunstakademie Bildhauerei. Zur Lüftl-Malerei hin hat er sich, wie er versichert, „durch Ausprobieren und Dazulernen“ erst nach und nach entwickelt. Größten Wert habe er aber immer darauf gelegt, dass seine Figuren ausdrucksstark sind und von den Bildszenen eine Ausstrahlung ausgeht. Seinen Erfolg führt er darauf zurück, dass er ein Gespür dafür habe, was die Auftraggeber wollen und weil er jedes Bild so gemalt habe, als wäre es sein letztes. Er habe in seiner Arbeit immer etwas Visionäres gesehen und wie es von einem alteingesessenen Werdenfelser nicht anders zu erwarten sei, auch ein wenig als „religiöse Dankbarkeit“. Dafür, dass er „im schönsten Flecken Gottes leben und arbeiten darf“, strahlt der Künstler. In seinem Atelier, vor dessen Fester er sich eine romantische Berghütten-Idylle „zum Sinnieren und Entspannen“ aufgebaut hat, stehen viele geschnitzte Figuren, die immer mehr werden, nachdem sich der Secco-Maler zurückgezogen hat. Ihm sei es nie um seinen persönlichen Ruhm gegangen, betont er mit Blick auf sein umfassendes Lebenswerk, sondern immer nur darum, welche Wirkung seine Malerei auf die Menschen hat. Besonders typisch für seinen Stil findet Sebastian Pfeffer seine Lüftl-Bilder in Wallgau über die Flößerei, mit der Postkutsche und mit den Jakobspilgern.

Seb. Pfeffer

Tourismuszentrum, Wallgau

Der Künstler malt auch Papierkrippen und schnitzt gerne. Ein Meisterwerk der Schnitzkunst ist die Freikrippe, die Sebastian Pfeffer für den Verein Werdenfelser Krippenfreunde schuf. Sie wird jedes Jahr an Weihnachten wechselweise in Garmisch oder in Partenkirchen aufgebaut.

Stolz ist Sebastian Pfeffer weniger auf seine Arbeit, dafür aber auf seinen Sohn Stephan, weil der mit einem ähnlichen Malstil die Tradition fortsetzt und auch als Stuckateur und Holzbildhauermeister überregionalen Erfolg hat. Zur Unterscheidung: ein S oder ein Seb auf Fresken steht für Sebastian, ein St für Stephan. Vater Sebastian empfindet Freude, wenn er von Gemeinschaftswerken mit seinem Sohn erzählt. Eines der schönsten ist die Kapelle Maria Königin am Lautersee. Sebastian Pfeffer schuf das Deckenfresko, der Sohn entwickelte und realisierte vom Architekturmodell bis zu den gesamten Innen- und Außenstuckarbeiten das gesamte Projekt, samt der beiden Engel, einer männlich, einer weiblich. Ein imposantes, 350 Quadratmeter großes Gemeinschaftswerk findet man auch in München bei Rieger-Pelze am Isartor im Innenhof. Auf 350 Quadratmetern ist der Bund Gottes mit Israel dargestellt. Zentrale Figur ist Moses, den Stephan als 3,60 Meter hohe, vergoldete Stuck-Plastik mit den Gebotstafeln in Händen formte.

Kapelle am Lautersee

Das Werdenfelser Brauchtumsjahr

Tradition ist gesiebte Vernunft des Volkes
aus einem Jahrhundert in das andere.

Ricarda Huch

Seeprozession, Staffelsee

Barkdara

In Eschenlohe und Schwaigen wird ein Brauch gepflegt, der im Werdenfelser Land eigentlich nicht typisch ist. Am Tag vor dem Dreikönigsfest durchstreifen die „Barkdara“ das Dorf. Junge Burschen ziehen als Schreckgestalten in weißen Gewändern, Handschuhen und schwarzen Zipfelmützen laut grölend und mit Ruten bewaffnet von Haus zu Haus, um die Geister des Winters zu vertreiben. An den Haustüren machen sie sich mit Urlauten und Rutenschlägen bemerkbar, bis die Tür geöffnet und ihnen reichlich Kleingeld in die geöffneten Säcke geworfen wird. Sie lassen sich aber auch mit einer Runde Schnaps beruhigen, um dann noch lauter grölend an die nächste Tür zu klopfen. Die größte Schmach für einen Barkdara ist es, wenn ihm unbemerkt von einem Hausbewohner die Kapuze vom Kopf gezogen und er dadurch erkannt wird. Beim Eschenloher Barkdara-Gehen, das vom Gebirgstrachten-Erhaltungsverein D'Loisachtaler organisiert wird, dürfen nur ledige Burschen aus der Ortschaft teilnehmen. Die Barkdara haben mit den Perchten in anderen Gegenden vieles gemeinsam, nur dass sie hier keine Larven tragen. Der Heischebrauch, bei dem Glöckler (Klöpper oder Klöppler) um Spenden bitten, hieß früher im Werdenfelser Land auch „Berchtngehn“.

Werdenfelser Fosanacht *„Mit Recht getraue ich mir die Behauptung aufzustellen, dass es im ganzen bayerischen Königreich keinen Landbezirk gibt, wo so viel Fastnachtsulk getrieben wird wie im sogenannten Werdenfelser Landl um die Zugspitze“, schreibt der Volkskundler Franz Joseph Bronner in seinem 1908 erschienenen Buch „Von deutscher Sitt und Art“.*

Werdenfelser Fosanacht

Jahrhundertelange Tradition. *Obwohl auch in dieser Region das Brauchtum seine kirchliche Bedeutung und seinen vegetationskulturellen Zusammenhang weitgehend verloren hat, ist sicher, dass in keinem anderen bayerischen Landstrich die Fosanacht heute noch so traditionell gefeiert wird, wie in der Zugspitzregion.*
Kommerzielle Interessen und der Blick auf den Tourismus haben zwar das Drumherum stark verändert, die Bräuche, die Maschkera-Figuren und ihre Larven (Masken) aber sind meist noch dieselben wie schon vor Jahrhunderten. Heute wird offiziell der dunkle Winter mit seinen langen, tristen Nächten verscheucht, damit der warme, Leben erweckende Frühling einziehen kann.

Die Fosanacht geht angeblich zurück bis in heidnische Zeiten, als sich die Menschen Naturgewalten noch als Werke von Dämonen erklärten und Natur, Wachstum und Leben als Geschenke der Götter. Gefahren galt es mit wilden Sprüngen, lauten Schreien und grässlichen Masken zu vertreiben. Maskenumzüge gehören, so die dominierende Meinung, zu den ältesten Bräuchen im Alpengebiet, als Teile einer überlieferten Hirtenkultur wie Jodeln, Stampfen, Goaslschnoizn und Hörnerblasen. Dies ist ebenso wenig von der Hand zu weisen, wie die Überlieferung, dass in heidnischen Zeiten mit Lärm und Maskenschreck zu Frühlingsbeginn der finstere Winter ausgetrieben wurde. Neuere Erkenntnisse lassen aber auch den Schluss zu, dass der Fasching erst mit der von der katholischen Kirche verordneten vierzigtägigen vorösterlichen Fastenzeit kam, weil sich die Menschen vor der strengen Buß- und Abstinenzzeit noch einmal kräftig ausleben und satt essen wollten. Das im süddeutschen Raum verwendete Wort Fasching leitet sich von der mittelhochdeutschen Zusammensetzung „vast-schanc", ab, dem Fastentrunk, der früher ausgeschänkt wurde. Christliche Missionare versuchten die Heidenbräuche abzuschaffen, doch ohne Erfolg. Der heilige Bonifatius schrieb im Jahre 742 von der Insel Wörth im Staffelsee an Papst Zacharias, dass sich hierzulande die heidnischen Sitten nicht ausrotten ließen und sich „die ungeschlachten und einfältigen Menschen" in Verkleidung wie toll aufführten. Anfang des 17. Jahrhunderts verteufelte die Kirche das wilde Faschingstreiben als „Tummelplatz des Bösen" und der Klerus glaubte, eingreifen zu müssen. Dazu schreibt Bronner: „Als von kirchlicher Seite damals versucht wurde, dem Faschingsunwesen gegenzusteuern, da war die ganze Bevölkerung trotz ihrer sonstigen Kirchenanhänglichkeit wie ein Wille gegen diese Einmischung. Gericht und Gemeinde zu Garmisch erklärten, es sei dies ein alter Brauch, der schon vor hundert Jahren gewesen und davon sie zu weichen nit gedenken".

Im Werdenfelser Land beginnt die Fosanacht am ersten Sonntag nach dem Dreikönigstag und dauert bis zum Fa-

Viele der handgeschnitzten Holzlarven wurden seit Generationen weitervererbt. Eine faszinierende Maskensammlung ist im Werdenfelser Museum in Garmisch-Partenkirchen zu bewundern.

schingsdienstag um Mitternacht. In dieser Zeit zeigen sich die maskierten Männer mit Holzlarven (Maschkera) und in den Gasthäusern wird „gegunkelt" – also gefeiert mit Volksmusik, Gesang und Tanz. Wichtig ist, dass sich ein Maschkera so verhält, dass ihn niemand erkennt. Frauen war das Maschkeragehen früher verboten, und wenn doch eine erwischt wurde, dann wurde sie drakonisch bestraft. Kopfüber sei eine solche in einen Bach gesteckt worden, ist überliefert. Richtig rund geht es nur am unsinnigen Donnerstag, am Fosanachtssonntag und am Fosanachtsdienstag. Jeder Ort hat für die öffentlichen Fosanachtfeiern eigene Traditionen entwickelt.

Hauptakteure der Werdenfelser Fosanacht sind die zwölf Schellenrührer (nach den zwölf Raunächten zwischen Weihnachten und Dreikönig) mit ihren Holzmasken, Fichtenbögen und umgeschnallten Schellen. Im eintönigen Rhythmus ihrer Schellen hüpfen die in forstgrüne oder Lederhosen mit bunt bestickten Hosenträgern und weiße Hemden gekleideten Maschkera durch die Straßen, angeführt von einem Vortänzer, um so den Winter zu vertreiben. Ihren eigentümlichen Bewegungsablauf nennt der Volksmund „rühren". Die Schellen wiegen über 20 Kilo, sodass ursprünglich nur g'standne Mannsbilder als Schellenrührer infrage kamen. In Mittenwald ist dies heute noch so, in Garmisch, Partenkirchen, Farchant, Grainau, Wallgau oder Krün ist man da nicht mehr so streng.

Zu ihrem Gefolge gehören die „Biggalan", Figuren in weißen Gewändern und schwarzen Zipfelmützen, die lautlos herumspringen und mit Schweinsblasen die Mädchen und Kinder verjagen und die Pfannenzieher. Dabei ist auch das Untersberger Mandl mit seinem Weiberl. Dieses Paar mit dem typischen Stopselhut der Gebirgsschützen auf dem Kopf soll die Menschen daran erinnern, die kommende Fastenzeit streng einzuhalten. Die Krätznweiblan, Männer, denen ihr Weiblein (eine Strohpuppe) aus der Brust herauswächst, die Pfeifermandl, deren Maskenmund so geschnitzt ist, dass man meinen könnte, der Träger würde vor sich hin pfeifen, gehören ebenso zur Werdenfelser Fosanacht. Die Jacklschutzer, aus dem Schmiede- und Schlosserhandwerk hervorgegangen, „schutzen" den „Jackl" (Stroh- oder Wollpuppe) mit einer „Blochn" (Heuplane) in die Luft und betteln um Arbeit.

Bärentreiber in bunten Fleckerlgewändern zerren bei Umzügen einen pelzigen Gesellen an schweren Eisenketten durch die Straßen. Bei Kindern gefragt sind die Fischer, weil an ihren Angeln Süßigkeiten, Wurst oder Brezeln hängen, die es zu erwischen gilt. Und natürlich braucht es Musik, wofür die Maschkeramusi mit Ziachargl, Ratschn, Gitarre, Stampfer, Löffel, Triangl, Waschbrett, Brummtopf und vielen anderen urtümlichen Instrumenten sorgt.

Bei Umzügen ist auch das „Muiradl" eine besondere Attraktion. Ein entrindeter Baumstamm wird von mehreren Maschkera, „Pfoadscheißer" genannt, gezogen, auf dem ein oder zwei Wagenräder so montiert sind, dass sie beim Kippen des Stammes den Boden berühren. Auf dem Wagenrad sitzt ein verkleidetes Burschenpaar. Je schneller die Pfoadscheißer laufen, desto schneller dreht sich das Rad, sodass sich das Paar oft nicht mehr halten kann und unter Gelächter der Zuschauer unfreiwillig abstürzt.

Ohlstadt

Eschenlohe

Palmsonntag

In Erinnerung an den Einzug von Jesus in Jerusalem, bei dem die Gläubigen mit Palmwedeln winkten, feiern die Christen den Palmsonntag. Höhepunkt ist die Palmweihe mit der Palmprozession. Als Ersatz für die Palmwedel werden Weidenäste und -ruten (Palmkätzchen) verwendet. Die Palmbuschen werden liebevoll verziert und die Buben und Mädchen wetteifern, wer den schönsten und höchsten hat. Manchmal sind die Palmbuschen vier Mal so lang wie sein Besitzer. Die geweihten Palmbüschl, die am Palmbuschen befestigt sind, werden später in den Häusern im „Herrgottswinkel“ oder im Stall zur Abwehr von Krankheiten und Unglück aufgesteckt. In Murnau findet am Palmsonntag nach alter Tradition der Palmmarkt statt.

Ratschenkinder in Aidling

Karwoche

In der Karwoche (von althochdeutsch „Chara“ für Trauer) leben die Menschen im Werdenfelser Land nach den christlichen Bräuchen. An Gründonnerstag wird eine Suppe aus frischen Kräutern (Greitlsuppe) gekocht, der Karfreitag ist strenger Fastentag und das Osterfest beginnt mit Osterfeuer, Fußwaschung, Taufwasser- und Osterkerzenweihe sowie mit einer feierlichen Ostermette. An den Tagen, an denen dem Volksmund nach die Glocken nach Rom geflogen sind, wird mit der großen Holzratsche zum Gottesdienst gerufen, Ministranten ziehen manchenorts mit Handratschen von Haus zu Haus, um zum Gebet aufzufordern, und in der Kirche begleiten sie die Liturgie mit Holzklappern. In Aidling zum Beispiel wird ein Heiliges Grab aufgebaut und mit Frühlingsblumen geschmückt, an dem sich die Gläubigen zu Betstunden einfinden. Am Ostersonntag werden Osterspeisen geweiht und verzehrt, die Kinder suchen ihre Osternester, Musikkapellen geben Osterkonzerte und in zahlreichen Parks und Kurgärten ist das Ostereiersuchen mittlerweile zu einer beliebten Variante des Osterspaziergangs geworden.

Hl. Grab, Mittenwald

Hl. Grab, Aidling

Passionsspiele

„Oberammergau ist das vielleicht bemerkenswerteste Dorf der Theatergeschichte. Seit es 1633 das Wüten der Pest überstand und von da an einem Gelöbnis folgend ein Passionsspiel aufführt, ist es zum Synonym für jahrhundertealte Laientheatertradition, für Archaik und Massen auf der Bühne geworden." Diese Aussage eines Kritikers lässt ein wenig erahnen, welchen Stellenwert „Das Spiel vom Leiden, Sterben und Auferstehen unseres Herrn Jesus Christus" für die rund 5300 Oberammergauer hat und welche Berühmtheit die Aufführungen weltweit erlangt haben. Tatsächlich lockt das Passionsspiel, das seit 1634 (erste Aufführung) bis auf wenige Ausnahmen ab 1680 in jedem Zehnerjahr stattfindet, inzwischen über eine halbe Million Besucher aus allen Erdteilen an. Da jeder Einheimische, der mindestens 20 Jahre in Oberammergau lebt, in der „passio", wie sie im Ort sagen, ein Mitspielrecht hat, und es viele Einwohner als Ehre empfinden, dabei zu sein – 2010 zum Beispiel 1834 Erwachsene und 638 Kinder –, ist eine enorme Organisations- und Regieleistung erforderlich. Für das bezaubernde Urlaubsdorf bedeuten die Passionsspiele einen Riesenaufwand, aber sie sind auch eine große Werbung für den Ort und ein Tourismusmagnet. 2010 rechnet die Kommune mit einem Reingewinn von rund 25 Millionen Euro.

Geschichte. Die Oberammergauer Passionsspiele gehen auf die Zeit des Dreißigjährigen Krieges zurück. Damals wütete in vielen Regionen Bayerns die Pest. Da der „Schwarze Tod" auch zahlreiche Einwohner von Oberammergau hinweggerafft hatte – jede zweite Familie hatte einen oder mehrere Tote zu beklagen –, gelobten die Dorfbewohner anno 1633, alle zehn Jahre die Passion nachzuspielen, sollte die Seuche ein rasches Ende nehmen. Der Überlieferung nach forderte die Pest ab diesem Zeitpunkt keine neuen Opfer mehr. Schon ein Jahr später begannen die Oberammergauer, ihr Versprechen einzulösen. Bis Mitte des 18. Jahrhunderts gab es eine große Anzahl von Textfassungen. Die wohl bekannteste lieferte 1750 der Benediktinerpater Ferdinand Rosner. 1810 schrieb Pater Otmar Weiß, Benediktinermönch vom Kloster Ettal, die Grundlage des bis heute gespielten Textes. 1860 wurde diese Fassung von Pfarrer Josef Alois Daisenberger überarbeitet. Die umfassendste Anpassung dieses Textes an die Zeit im 20. Jahrhundert stammt vom ab 1986 amtierenden Leiter der Passionsspiele, Christian Stückl, und dem Dramaturgen Otto Huber für die Aufführungen 2000.

Vorbereitung. Eineinhalb Jahre lang vor den Aufführungen herrscht in Oberammergau Ausnahmezustand. Er beginnt mit der Verkündigung des „Haar und Barterlasses", der wegen der Authentizität sehr ernst genommen wird. Alle, bis auf wenige Ausnahmen, die bei der Passion mit-

Ältestes Foto eines Jesus-Darstellers (1850)

Passion 1890

wirken wollen, dürfen sich ab diesem Tag weder Bart noch Haare schneiden lassen. Ein für alle Laienspieler großes Ereignis ist der Tag der Rollenverteilung, der mittlerweile auch auf höchstes Medieninteresse stößt. Mit Spannung zittern die Bewerber, ob sie Judas, Kaiphas, Maria, Magdalena, einen Apostel oder einen Römer darstellen dürfen. Am gleichen Tag erneuern die Oberammergauer im Rahmen eines feierlichen Gottesdienstes das Gelübde von 1633. Ab dann beginnt die Zeit der Proben und der Vorbereitung von Bühne, Gewändern, Handwerkszeug, Waffen und allem, was die Besucher mitnimmt in die Zeit vor über 2000 Jahren

Das Oberammergauer Passionstheater wird aber nicht nur für die Passionsspiele genutzt. Die Freilichtbühne bietet für Konzerte, Opern, Chöre und große biblische Schauspiele wie „Jeremias" von Stefan Zweig immer wieder eine gebührende Kulisse.

Pestspiel. Seit 1933, als anlässlich des 300-jährigen Jubiläums die Passion außer der Reihe gespielt wurde, ist es Tradition, immer im Vorfeld ein „Pestspiel" aufzuführen, das die Legende von der Entstehung der Passionsspiele erzählt. Es handelt vom Tagelöhner Kaspar Schisler, der sich den Sommer über – mitten in den Wirren des Dreißigjährigen Krieges – bei einem Bauern in Eschenlohe als Knecht verdingt. Getrieben von der Sehnsucht nach Frau und Kindern schleicht er sich trotz Verbots am Kirchweihfest heimlich an den Pestwachen vorbei und begibt sich nach Oberammergau zu seiner Familie. Schisler wird so für das Dorf, das bisher vom Schwarzen Tod verschont geblieben war, zum Unglücksboten, der 84 Menschen den Tod bringt. In großer Not wenden sich die Überlebenden an Gott und geloben die Aufführung der Passion.

Passionstheater. Die ersten Passionsspiele fanden auf einem einfachen Holzgerüst über den frischen Gräbern der Pesttoten neben der Pfarrkirche statt. Für 1720 ist eine barocke Kulissenbühne überliefert und um 1820 eine Bühne im Empire-Stil. Für 1830 verfügte König Ludwig I. die Bühne nicht mehr auf dem Friedhof zu errichten. Am Nordrand des Dorfes wurde daraufhin ein Theater für 5000 Zuschauer gebaut, das heutige Passionstheater. Der Zuschauerraum wurde 1900 überdacht. Die Bühne, immer wieder umgebaut und technisch verbessert, erhielt 1930 die heutige monumentale Form. 2008 wurde mit dem Paulus Oratorium von Felix Mendelssohn Bartholdy ein neues, fahrbares Dach eingeweiht. In spielfreien Zeiten werden Theaterführungen angeboten.

Mittenwalder Georgiritt

Pferdeumritte haben sich im Werdenfelser Land nicht nur erhalten, sondern sind mittlerweile zu touristischen Attraktionen ausgeweitet worden. Besonders beeindruckend sind die Pferdewallfahrten, weil es für die Einheimischen selbstverständlich ist, an so einem Festtag Tracht zu tragen.

St. Georg, der Drachentöter, ist einer der 14 Nothelfer. Trennt man Historisches vom Legendären, so ist anzunehmen, dass Georg unter dem römischen Kaiser Diokletian ein furchtbares Martyrium erlitt. In Bayern wird der Heilige besonders von den Landwirten sehr verehrt. Es wird angenommen, dass die Namensbestandteile geos (die Erde) und orge (bauen) mit die Ursache sind. Ab dem Georgstag durften früher Felder nicht mehr betreten werden und Dienstboten konnten an dem Tag aus- und einstehen. „St. Georg kommt nach alten Sitten auf dem Schimmel angeritten" und wird so zum Schneebringer. Das Pferd dürfte den Anstoß für die Georgiritte gegeben haben. Etwa 150 gestriegelte Pferde mit Reitern, Kutschen- oder Wagenführern ziehen alljährlich anlässlich des Gedenktages des Heiligen Georg (23. April) vom Mittenwalder Ortskern hinauf zum kleinen Lautersee, um an der Kapelle Maria Königin zum Heiligen Georg zu beten und um seinen Segen für Mensch und Pferd zu bitten. In Garmisch-Partenkirchen findet an diesem Tag der Georgimarkt statt, der aus einem bedeutenden Viehmarkt hervorgegangen sein soll.

Die Lautersee-Kapelle ist eine vollkommene Neuschöpfung von Stephan Pfeffer aus Mittenwald und wurde 1995 eingeweiht. Der Bildhauermeister, Lüftlmaler und Erbauer künstlerischer Gewölbe entwickelte und realisierte vom Architekturmodell bis zu den gesamten Innen- und Außenstuckarbeiten das gesamte Projekt.

Maibaum

Maibaumfest, Saulgrub

Das Maibaumaufstellen ist ein relativ junger bayerischer Brauch. Es gibt zwar Hinweise, dass bereits ab dem 16. Jahrhundert Bäume aus verschiedenen Gründen (Kirchweihbaum, Ehrenmaibaum) aufgestellt wurden, den typischen Orts-Maibaum gibt es aber erst seit dem 19. Jahrhundert. Im vormals nichtbayerischen Werdenfelser Land eroberten die Maibäume die Dörfer erst zu Beginn des 20. Jahrhunderts. 1904 wurde in Farchant der erste Maibaum aufgestellt und mit der Zeit zogen Orte wie Mittenwald, Grainau und Wallgau nach. Heute hat zumindest jede selbstständige Gemeinde einen Maibaum und wenn er aufgestellt ist, wird ausgiebig gefeiert. Die Blaskapelle spielt auf, Burschen und Madeln gehen in Tracht und wenn die kräftigen Dorfburschen und die gestandenen Männer den Baum mit Muskelkraft und mit den zu „Schwaibeln" verbundenen Stangenpaaren Schub um Schub hochwuchten, werden sie lautstark angefeuert. Für die Organisation haben sich in manchen Orten Maibaumvereine gegründet. Geschmückt ist der Maibaum meist mit Handwerks- und Zunftzeichen des ortsansässigen Gewerbes, was ihm den liebevollen Beinamen „Zunftstangerl" einbrachte. Oft findet man auch Abbilder von Kirche und Wirtshaus und manchmal zeugen geschnitzte Figuren in Tracht vom Selbstverständnis und Traditionsbewusstsein der Dorfbewohner.

In Krün wurde im Jahre 1939 der erste Maibaum aufgestellt und der Zeit entsprechend flatterte die Reichsfahne an der Spitze. Die Krüner achten sehr darauf, dass ihr Maibaum stets einer der höchsten in der gesamten Region ist. Der längste bisher soll 46 Meter gemessen haben. In Saulgrub ist am Maibaum auf einer Tafel zu lesen: „Einigkeit dies starke Band brachte diesen Baum zustand". Damit kommt zum Ausdruck, dass auf eine harmonische Dorfgemeinschaft großer Wert gelegt wird. Wie in fast allen Orten wird in Saulgrub nach dem Maibaumaufstellen getanzt und geplattelt bis es später zum Maitanz geht.

Zu einem beliebten Brauch hat sich das Maibaumstehlen entwickelt. Damit der Baum nicht gestohlen wird und mit Bier und Brotzeiten ausgelöst werden muss, schieben meist die Jugendlichen des Dorfes rund um die Uhr Wache. Andere wiederum gehen selbst auf die Pirsch, um sich Auslösebier zu verdienen.

Einigkeit
dies starke Band
brachte
diesen Baum
zustand

Auffahrtstag

Pfarrkirche Mittenwald

Vierzig Tage nach Ostern feiern die Katholiken „Christi Himmelfahrt“, den Abschied von Jesus Christus und sein Entschwinden zu Gott Vater nach dem Zeugnis des Evangelisten Lukas. Das Hochfest, auch „Auffahrtstag“ genannt, gehört zum Urbestand des christlichen Glaubens. Bis ins 4. Jahrhundert wurde die Himmelfahrt noch mit dem Pfingstfest verknüpft, seit 370 wird ein eigenständiges Fest vierzig Tage nach Ostern gefeiert, immer an einem Donnerstag. Traditionell sind die drei Tage zuvor „Bitttage“, an denen früher in langen Prozessionen von Ort zu Ort für eine gute Ernte gebetet wurde. Erhalten haben sich im Werdenfelser Land kleinere Flurprozessionen.

Rund um das Fest haben sich im Laufe der Jahrhunderte einige Bräuche entwickelt. So wurde zum Beispiel früher die Osterkerze ausgeblasen, die in der Osternacht entzündet und geweiht worden war, da Christus nun nicht mehr leibhaftig unter den Jüngern war. In Deutschland ist Christi Himmelfahrt seit 1936 auch gesetzlicher Feiertag.

Auf weltlicher Seite entwickelte sich in Deutschland der Feiertag allmählich zum Vatertag (auch Männer- oder Herrentag), an dem Parties gefeiert werden, Vätergruppen lautstark und bierselig Kutschfahrten unternehmen oder Männer mit Bollerwagen und Bierfass durch die Natur ziehen oder aber auch mit der Familie unterwegs sind. Dieser Volksbrauch gründet vermutlich in den früheren Flurumgängen. Schon im Mittelalter sollen diese Umgänge gelegentlich zu Touren verkommen sein, bei denen der Alkohol eine größere Rolle spielte als das Weihwasser. Nach der Einführung des Muttertages 1907 bzw. 1914 wurde der Vatertag quasi zum Gegenstück. Er wurde im Jahre 1916 erstmals in Amerika begangen.

Christi Himmelfahrt. *In wenigen bayerischen Pfarreien hat sich der Brauch erhalten, die Himmelfahrt einprägsam darzustellen. So wie Jesus in den Himmel auffuhr, entschwindet eine Figur des auferstandenen Heilands an Seilen hochgezogen durch ein Loch im Gewölbe. Weil früher an Pfingsten der Heilige Geist in Form einer weißen Taube durch das Loch zu den Gläubigen kam, wird es „Heiliggeistloch“ genannt. In der Mittenwalder Kirche St. Peter und Paul ist dieses Ritual noch heute Bestandteil der Feststagsliturgie*

Vatertagsausflug, Mittenwald

Fronleichnam

Am zweiten Donnerstag nach Pfingsten feiern die Katholiken das Fronleichnamsfest. Im katholischen Bayern und besonders im Werdenfelser Land ist der „Prangertag“, wie er im Volksmund wegen des großen Gepränges beim Umzug auch genannt wird, ein Höhepunkt im Kirchenjahr und wohl eines der prunkvollsten Feste seit Jahrhunderten überhaupt, in der innige Volksfrömmigkeit und Traditionsbewusstsein gleichsam zum Ausdruck kommen. Das Religiös-festliche am Fronleichnamsfest zeigt sich insbesondere in der Ausgestaltung des Umzuges. Selbstverständlich nehmen alle Vereine mit ihren Fahnen teil und selbstverständlich wird die Festtagstracht angezogen. Die Häuser werden mit Fahnen und Girlanden, die Straßen mit Birkenzweigen (Maien) geschmückt. Entlang des Prozessionsweges sind vier Altäre aufgebaut und deren Zugang ist mit Blumenteppichen geziert. An den Altären wird das Evangelium verkündet, gesungen oder auch musiziert. Die Kommunionkinder tragen ihr Kommuniongewand, die Mädchen haben meist Kränzchen auf dem Kopf und streuen Blumen und der Pfarrer zeigt die Monstranz mit der Hostie unter einem Baldachin, um den zu tragen es gelegentlich vorher harte Auseinandersetzungen gab. In manchen Dörfern werden von Jugendlichen lange Stangen mit Blumenbüschel getragen, die Prangerstangen. Fronleichnam wird in Südbayern auch als „Antlaßtag“ (Sünden-Entlassung) bezeichnet. Den Fronleichnamstag mit Abfeuern von Böllern, Geschützen oder Gewehrsalven zu beginnen, ist ebenso alte Tradition im Werdenfelser Land wie die Teilnahme der Gebirgsschützen an der Prozession.

Fronleichnam ist aus dem Mittelhochdeutschen „vron“, zum Herrn gehörig, und „lih“ oder „lichnam“, der menschliche Leib, abgeleitet und ist der Festtag des Herrenleibes im allerheiligsten Sakrament der Eucharistie, das Hochfest des Leibes und Blutes Christi. Das Fest, an dem das Allerheiligste in Gestalt einer Hostie die Kirche verlässt und in glanzvoller Prozession durch die Straßen begleitet wird, geht zurück auf eine Vision der Augustinernonne Juliana von Lüttich. Sie deutete den Mond als ein Symbol für die Ganzheit der Kirche und einen Mondflecken als „Lücke“, die nur durch „ein fehlendes christliches Fest des Eucharistie-Sakraments“ geschlossen werden könne. Die Kirche griff die Vision auf und Papst Urban erklärte 1264 Fronleichnam zum gebotenen Feiertag der Christenheit.

In allen Orten gehört zum christlichen Fronleichnamstag auch das Weltliche. Nach dem Umzug trifft man sich im Wirtshaus zum Frühschoppen.

In der Zugspitzregion werden große Fronleichnamsprozessionen in Farchant, Garmisch und Partenkirchen, Grainau, Mittenwald, Murnau, Oberammergau und Unterammergau begangen. Einige davon haben traditionelle Besonderheiten entwickelt. So trägt in Mittenwald die Junggesellenbruderschaft als ältester Verein ihre haushohen Fahnen bei der Prozession mit und in Partenkirchen wird die vom Rokokobildhauer Ignaz Günther geschnitzte „Maria immaculata“ von Mädchen in Rosenkranztracht und dem jungfräulichen „Kranl“ im Haar mitgetragen. Das Jahr über steht die Tragmadonna im Werdenfelser Heimatmuseum.

Prangertag, Farchant

Seeprozession

In Seehausen bei Murnau findet alljährlich die einzige Seeprozession Deutschlands statt, bei der das Allerheiligste durch das Fischerdorf getragen und auf die Insel Wörth im Staffelsee gebracht wird, an den Ort, wo über Jahrhunderte die Pfarrkirche stand.

Die inzwischen Tausende von Besuchern anziehende Prozession geht auf Pfarrer Sebastian Wieser zurück, der das Fronleichnamsfest 1935 zum ersten Mal mit einer Fahrt über den Staffelsee ausführen ließ. Regelmäßig gibt es die Seeprozession seit 1949.

In aller Frühe wird das Dorf mit Fahnen, Girlanden und Birkenzweigen festlich geschmückt, auf einer Fähre wird ein Altar errichtet und um die Fähre eine künstlerisch gebundene Girlande gelegt. Entlang des Prozessionsweges streuen Mädchen Blumenteppiche und die Menschen kleiden sich in ihrer Festtagstracht. Nach dem Gottesdienst zieht der Pfarrer mit der Monstranz unter einem roten Himmel, begleitet von Ministranten, Fahnenträgern, Vereinen, Dorfbevölkerung und Ruderern zum ersten Altar, von welchem aus es dann zur Bootslände geht. Dort warten festlich geschmückte Boote darauf, die Prozessionsteilnehmer aufzunehmen. Angeführt vom „Kreuzboot" und der Altarfähre wird zunächst der Altar auf der Jakobsinsel angesteuert und dann das Fährhaus auf der Insel Wörth. Nach der Anlandung ziehen die Gläubigen zur Kapelle hinauf, wo der dritte prächtige Altar aufgebaut ist. Am Rückweg zum Festland wird vor dem Kreuz an der Bootslände am vierten Altar gebetet, bevor es zur Pfarrkirche zurückgeht.

83

Johannisfeuer

Johanniskraut

Besonders eindrucksvoll sind die Johannisfeuer aber in Grainau, weil mit Einbruch der Dunkelheit der gesamte Waxensteinkamm mit einer einzigartigen Lichterkette gekrönt wird.

Wenn die Sonne im Juni ihren höchsten Stand erreicht und der Sommer Einzug hält, wird das Fest der Licht- oder Sonnenwende gefeiert. In vielen Ländern, insbesondere aber in Bayern, werden dann Holzstöße abgebrannt und auch Feuerräder gerollt. Im ganzen Werdenfelser Land leuchten dann große Bergfeuer von den Hängen weit ins Land. Weil die Bergfeuer meist nicht direkt zur Sommersonnenwende am 21. Juni, sondern erst in der Johannisnacht auf den 24. Juni entfacht werden, hat sich in vielen Gegenden auch die Bezeichnung Johannisfeuer durchgesetzt. Je nach Region und Ortschaft sind dabei ganz spezielle Traditionen entstanden. Und natürlich wird an dem Abend kräftig gefeiert. Rund um das Ehrwalder Becken in der Zugspitzregion sind mehr figürliche Darstellungen wie zum Beispiel ein Kreuz zu sehen. Besonders eindrucksvoll sind die Johannisfeuer aber in Grainau, weil mit Einbruch der Dunkelheit der gesamte Waxensteinkamm mit einer einzigartigen Lichterkette gekrönt wird. Kein noch so scheußliches Wetter kann die jungen Burschen aufhalten, an den teils steilen Hängen und an exponierten Stellen Feuerholz aufzuschichten und dieses zu entfachen, sobald sich die Dunkelheit über die Täler gelegt hat. In dunkler Nacht klettern sie anschließend mit Fackeln oder Stirnlampen ausgerüstet ins Tal, wo schon eine herzhafte Brotzeit auf sie wartet. Die Garmischer Burschen entzünden ihre Feuer im gesamten Kramergebiet, die Partenkirchner nehmen sich den Wank vor, an den Hängen des Estergebirges brennen die Holzstöße der Eschenloher und Farchanter und auch in den Ammergauer Bergen und im Karwendel flackern riesige Feuer auf.

Die Sonnwendfeuer sind heidnischen Ursprungs und wurden zu Ehren des Licht- und Sommergottes abgehalten. Böse Geister, Hexen, Krankheiten von Mensch und Tier sollten damit abgewehrt und ein gutes Reifewetter für die Feldfrüchte erfleht werden.

Nach der Christianisierung übernahm die katholische Kirche zunehmend den Feuerbrauch für den Gedenktag an Johannes den Täufer, dessen Geburtstag am 24. Juni gefeiert wird. Das Entzünden von Johannisfeuern ist seit dem 12. Jahrhundert bekannt und seit dem 14. Jahrhundert häufig belegt. Im Mittelalter führte man vor allem Tänze rund um die Johannisfeuer auf. In manchen Regionen hat sich der paarweise Sprung Verliebter über die lodernden Flammen bis heute erhalten.

Johannifeuer am Soiersee, Bayersoien

Großer Frauentag, Garmisch

Mariä Himmelfahrt. Am 15. August feiert die katholische Kirche das Hochfest der „Aufnahme Mariens in den Himmel", im Volksmund auch „Großer Frauentag" oder „Maria Würzweih" genannt. Wie in ganz Altbayern ist „Mariä Himmelfahrt" auch im Werdenfelser Land ein arbeitsfreier Tag, der in besonders feierlicher Weise begangen wird. Es finden Festgottesdienste mit Prozessionen zu Ehren der Gottesmutter statt, bei denen selbstverständlich Tracht getragen wird. Manchenorts werden mit Blumen geschmückte Marienfiguren mitgetragen. Einen besonders schönen Anblick bieten dabei die jungen Madeln mit ihrer Rosenkranztracht und mit dem „Krala" in der aufgesteckten Haarpracht. Eng mit dem Marienfest ist traditionell der Brauch der Kräuterweihe verbunden. Dazu werden von Frauen und Mädchen farbenprächtige Kräuterbüschel gebunden und meist von den Buben feierlich zur Weihe getragen. In der Region ist die Königskerze (für die Himmelskönigin) die wichtigste Pflanze im Kräuterbüschel und ob in Partenkirchen, Mittenwald oder Grainau, im Laufe der Jahre hat sich ein Wetteifer unter den Buben entwickelt, wer wohl die höchste „Wedakörz" (auch „Wuler" genannt) vorweisen kann. Die Kräuterweihe gilt als ein typisches Beispiel für die Christianisierung heidnischer Bräuche. Mit der Integration vorchristlicher Rituale sollten abergläubische Naturkräftevorstellungen nach und nach verdrängt werden.

Kräuterweihe

Die Kräuterweihe wurde bereits im Konzil von Ephesus und vom fränkischen Bischof Gregor von Tours (594) erwähnt. Die Weiheformel für den „Würzbüschel" ist schon im 10. Jahrhundert nachweisbar. Dass die Kräuterweihe mit dem höchsten Marienfest in Verbindung steht, hängt vermutlich mit der Legende zusammen, wonach die Apostel, als sie das Grab Mariens besuchten, dieses verlassen und mit duftenden Blumen gefüllt vorfanden.

Am 1. November 1950 verkündete Papst Pius XII. in der Bulle „Munificentissimus Deus", dass Maria „mit Leib und Seele in die himmlische Herrlichkeit aufgenommen" worden sei. Entstanden ist das Fest aber wahrscheinlich schon im Anschluss an das berühmte Konzil von Ephesus (431), wo Maria in der Ostkirche den Ehrentitel „Gottesgebärerin" zuerkannt worden war. Später wurde es von der abendländischen Kirche übernommen. Kaiser Mauritius (gestorben 602) bestimmte dann den 15. August als Festtag, nannte ihn aber noch „Festtag zu Ehren der Gottesgebärerin". Im Jahre 813 wurde daraus dann „Mariä Himmelfahrt".

Frauendreißiger. Zu Mariä Himmelfahrt beginnt der „Frauendreißiger". Gemeint sind die 30 Tage bis Maria Namen am 12. September, an denen die Gottesmutter im bayerisch-tirolischen Alpenraum besonders verehrt wird. „Während dieser Zeit ist die Natur dem Menschen am freundlichsten gesinnt, die Kräuter und Wurzen haben die mehrste Kraft, weshalb man sie jetzt auch brocken und graben muss", schreibt Karl von Leoprechting 1855 in seinem Buch „Bauernbrauch und Volksglaube in Oberbayern". Tatsächlich sind in dieser Zeit die Kräuter voll ausgereift und können so die beste Heilkraft entwickeln. Die in Bayern mit dem Frauendreißiger verbundenen Sitten und Gebräuche sind anschaulich in dem Roman „Rumpelhanni" (1916) von Lena Christ beschrieben.

„Würzbüschel". *Die Zusammenstellung ist unterschiedlich, es wird aber darauf geachtet, dass sieben oder neun unterschiedliche Blumen und Kräuter eingebunden werden. In manchen Überlieferungen ist von bis zu 77 verschiedenen Pflanzen die Rede. Johanniskraut, Schafgarbe, Baldrian, Arnika, Kamille, Wermut oder Pfefferminze gehören aber auf jeden Fall dazu. Sie werden um die Wetterkerze gebunden und zur Weihe gebracht. Danach bekommen sie meist im „Herrgottswinkel" ihren angestammten Platz. Im Volksglauben sollten die geweihten Kräuterbündel gegen allerlei Unheil helfen. Auf dem Dachboden aufgehängt sollten sie vor Blitzschlag bewahren, unter dem Kopfkissen Kranken helfen und in das Viehfutter gemischt die Stalltiere gesund werden lassen. Manche Bauersfrau verwendete die getrockneten Kräuter auch in den Raunächten, um die Stallungen gegen Unheil auszuräuchern.*

Trachtenvereine

„Die Pflege der bodenständigen Tracht ist die allererste Aufgabe eines Trachtenvereins. Die Tracht soll in allen Bestandteilen ihre Echtheit und Sauberkeit aufweisen, in ihrer Gestaltung den guten Sitten der Heimat entsprechen, möglichst in Handarbeit hergestellt sein und mit einwandfreier, dazu passender Haartracht in Würde getragen werden. Zur Tätigkeit eines Trachtenvereins gehören gleichwertig auch die Erhaltung und Pflege bodenständigen Brauchtums und die Mitarbeit in der Heimatpflege. Je nach Landschaftszugehörigkeit sollen Schuhplattler, historische Heimattänze und Volkstänze erhalten bleiben. Ebenfalls soll durch Singen und Musizieren heimatliches Lied- und Musikgut bewahrt werden. Zur Erhaltung des Brauchtums gehören die Gestaltung von Familienfesten, Begräbnissen, kirchlichen Festzeiten, Fastnacht, das Maibaumaufstellen und das Kirchweihfest. Die heimische Mundart soll gepflegt werden, Denkmal- und Naturschutz sowie die Landschaftsgestaltung sind weitere Tätigkeitsbereiche für jeden Trachtenverein." Dieser Auszug aus einer Vereinssatzung zeigt, welchen umfassenden Anspruch die Trachtenvereine an sich selbst stellen.

Trachten waren ursprünglich Standeskleidung, welche die Gesellschaftsschichten voneinander abhob. So gab es das höfische Gewand, die Bürgertrachten, die der Handwerkszünfte und die bäuerliche Tracht. Klei-

Liebe zur Heimat. *Besonders zum Ausdruck kommt die Liebe zu Heimat und zum Brauchtum im Werdenfelser Land, wo kein kirchliches oder weltliches Ereignis ohne die „Trachtler" mit ihren Musikkapellen, Goaslschnalzern und Volkstanzgruppen auskommt. Großer Beliebtheit erfreuen sich jährlich die Gau- und Bezirksmusikfeste, wo meist Hunderte von Musikern zusammenkommen. Dass das heimische Brauchtum in enger Verbindung zur katholischen Glaubenstradition steht, kommt in den Wallfahrten der Trachtenvereine ebenso zum Ausdruck wie in der Teilnahme am Prangertag, an Bergmessen und an Marienfeiern. Und für den Tourismus präsentieren sich Kapellen, Volkstanzgruppen, Sängerbünde, Schuhplattler und Goaslschnalzer auch bei Heimatabenden und bei Hoagarts. Nicht hoch genug einzuschätzen sind der Beitrag der Trachtenvereine, die Jugend an Tradition und Brauchtum heranzuführen, und ihre Identität stiftende Wirkung.*

derverordnungen des herzoglichen Hofes wachten im 16. und 17. Jahrhundert streng über die Einhaltung der standesgemäßen Kleidung. Mit dem Ende der Verordnungen im 18. Jahrhundert unterwarf sich die Standeskleidung, besonders die städtische und bürgerliche immer mehr der wechselnden Mode. Auf dem Land indes verharrte man länger beim Alten und es entwickelten sich in den verschiedenen Gegenden quasi als Abgrenzung eigenständige Trachten. Mitte des 19. Jahrhunderts entstand im Miesbacher Raum die neubayerische Tracht. Etwa um 1880 verliert diese jedoch an Bedeutung. Vor allem die männliche Tracht mit der kurzen Lederhose verschwindet immer mehr. Weil damit auch die alten Bräuche, der Schuhplattler und die Lieder, schleichend abhanden zu kommen drohten, kommt es 1883 in Bayrischzell zur Gründung des ersten Vereins, der sich zum Ziel machte, Tracht und überliefertes Brauchtum wieder zu beleben. Auch König Ludwig II. erkannte den drohenden Verfall und erließ 1886 an Regierungen und Bezirksämter eine königliche Verordnung. Diese wies an, in allen Gebirgsgemeinden die Gründung von Trachtenvereinen anzustreben, um die Gebirgstracht und die alten Tänze, besonders die Schuhplattler, zu erhalten. Der Königswunsch zeigte Wirkung und es entstanden zahlreiche Vereine. Um 1900 wurde die Tracht wieder sehr beliebt und es gehörte zum guten Ton, Tracht zu tragen. Auch Prinzregent Luitpold und der Adel zeigten sich häufig in Lederhose und Joppe. Am 25. Oktober 1925 wird der Verband „Vereinigte Gauverbände des Bayerischen Oberlandes“ aus der Taufe gehoben. Nach dem Zweiten Weltkrieg werden die „Vereinigten“ neu gegründet und in „Vereinigte Bayerische Trachtenverbände e.V.“ mit Sitz in Traunstein umbenannt.

Oberländer. Im Werdenfelser Land hat fast jedes Dorf seinen Trachtenverein, in manchen Orten sind es sogar zwei. Sie gehören der Oberländer Trachtenvereinigung mit Sitz in Garmisch an, die 1903 gegründet wurde. Die Mitglieder tragen die Werdenfelser Tracht, wobei zwischen Festtagstracht und Volkstracht unterschieden wird. Kennzeichnend für die Männerfesttracht ist eine kurze schwarze Hirschlederhose mit gelber Plattstickerei und Hosenträgern. Über einem weißen Leinenhemd wird ein „Ketterlgilet“ (Weste) getragen und darüber ein Joppe aus hellgrauem bis blaugrauem Tuch. Als Kopfbedeckung dient der grüne „Scheibling“ mit Adlerflaum als Hutschmuck. Die Festtracht der Frauen besteht aus einem Falten-Kittl (Rock), der bis zu den Knöcheln reicht, einem kürzeren „Fürta“ (Schurz) davor, und einem Janker mit einem „Schmiesl“ (Leiberl) darüber. Auffällig ist das abgesteppte und verstärkte Mieder aus schwarzer Seide, das vorne mit silbernen Haken und Schnüren gebunden ist und mit Blumen geziert wird. Auf dem Kopf wird ein grünsamtener, flacher Hut mit Adlerflaum getragen. Die überlieferte Volkstracht fällt deutlich bescheidener aus.

Ludwig-Feier

Jedes Jahr zum Geburtstag gedenken viele Werdenfelser und auch Urlauber des beliebten Märchenkönigs. Manche Gasthäuser und Familien laden zu Ludwig-Feiern ein. Zum Gottesdienst vor dem Jagdschloss auf der Schachen-Alpe strömen trotz des beschwerlichen Anstiegs immer wieder Hunderte von Menschen. An vielen Berghängen der Region, wie am Kofel bei Oberammergau sowie am Kircheck und am Hebammsberg werden alljährlich am 24. August, am Vorabend des Königsgeburtstages, König-Ludwig-Feuer angezündet. Eine Attraktion ist dabei eine Königskrone, die mit ihren lodernden Flammen weit ins Land hinein leuchtet. In der festlichen Abendstimmung spielen Musikkapellen, die anschließend die Besucher in den Ort begleiten, wo weiter gefeiert wird. Im Schloss Linderhof finden häufig Konzerte statt, bei denen Wagner-Werke gespielt werden und die mit dem eigens zum Begräbnis des Königs komponierten Trauermarsch enden.

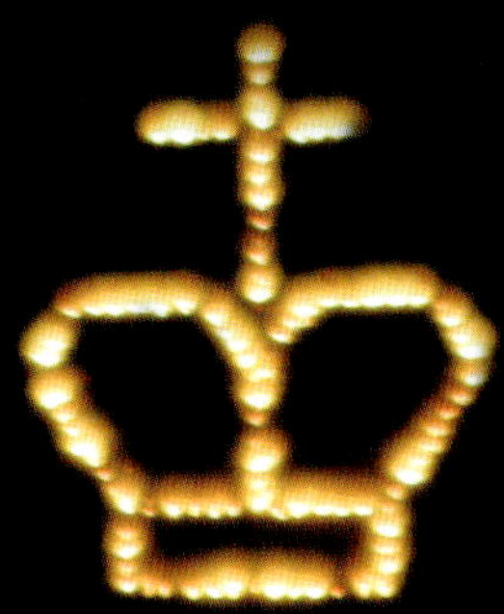

Wenn von König Ludwig II. die Rede ist, sind die verschiedensten Meinungen zu hören: Die einen verehren den „Kini“ als Romantiker und als volksnahen Märchenkönig, der Bayern zahlreiche touristische Attraktionen hinterlassen hat, andere sehen in ihm einen weltfremden Sonderling, Spinner und Verschwender und wieder andere betonen ehrfürchtig, dass der Regent zumindest anfänglich seine Regierungsgeschäfte äußerst gewissenhaft erfüllt habe und als Pazifist seiner Zeit weit voraus gewesen sei. „Ein ewig Rätsel will ich bleiben mir und anderen“, schrieb Ludwig einmal in einem Brief an seine Erzieherin. Damit kommt zum Ausdruck, dass sich der König seiner unangepassten Lebenseinstellung sehr wohl bewusst war. Ludwig wurde am 25. August 1845 in Nymphenburg als Sohn von König Max II. und Gemahlin Marie von Hohenzollern geboren. Ursprünglich hieß der Neugeborene Otto, auf Drängen seines Großvaters und Taufpaten, König Ludwig I., wurde das Kind jedoch in Ludwig umgetauft, weil es am Ludwigstag geboren war und weil der Opa die Erinnerung wach halten wollte, dass sein Taufpate König Ludwig XVI. von Frankreich gewesen war. Diese Verbindung zu den Bourbonen sollte später starken Einfluss auf den „Kini“ ausüben. Bereits im Alter von 18 Jahren bestieg Ludwig den Königsthron. Schon als Kronprinz war er von Richard Wagners Musikdramen verzaubert. Nach einer Aufführung des „Lohengrin“ im Hoftheater 1861 wurde Ludwig zu einem schwärmerischen Verehrer des Komponisten und zu seinem lebenslangen Förderer. Enttäuscht über seine Machtlosigkeit im Spiel der europäischen Mächte und von den Regierungsgeschäften in München zog sich König Ludwig immer mehr in die „Götterdämmerung der erhabenen Bergwelt“, wie er selbst schrieb, zurück. Hier ersann er seine künstlichen Paradiese, Traumschlösser, die er mit seinen Idealen erfüllte. Als der Monarch von den politischen Geschäften entbunden am 13. Juni 1886 im Starnberger See sein tragisches Ende fand, war dies für große Teile der Bevölkerung ein Schock, denn sie hatten den Märchenkönig trotz aller Gerüchte um seinen Geisteszustand und seine sexuellen Neigungen längst in ihr Herz geschlossen. So außergewöhnlich sein Leben und so mysteriös sein Tod im Starnberger See waren, so unbestritten ist jedoch die Liebe König Ludwigs II. zur Bergwelt und zur Natur schlechthin. Dorthin flüchtete Ludwig vor der profanen Welt und richtete sich an landschaftlich besonders reizvollen Plätzen seine eigene Welt ein. Und an reizvollen Plätzen hat das Werdenfelser Land wahrlich genug.

In der Posthalterei in Murnau war der König Stammgast. Auf seinem Weg von München zum Schloss Linderhof kehrte seine Majestät regelmäßig bei der Posthalterfamilie Bayerlacher ein, um ein luftiges Omelett zu genießen. Der sagenumwobene König ist Überlieferungen nach auch zum Kegeln an den Staffelsee gekommen. So soll sich der König manchmal durch den Hinterausgang der Posthalterei im Murnauer Obermarkt davongeschlichen haben, beim Peterskircherl in seine Kutsche gestiegen und nach Hechendorf gefahren sein, wo schon die Wirtsleute Miehle vom Gasthaus „Hoagarten“ auf ihren blaublütigen Kegelbruder gewartet hätten. Nach dem Tod Ludwigs II. ließ Posthalter Augustin Bayerlacher auf seinem Grundstück an der Kohlgruber Straße ein Ludwig-Denkmal aufstellen.

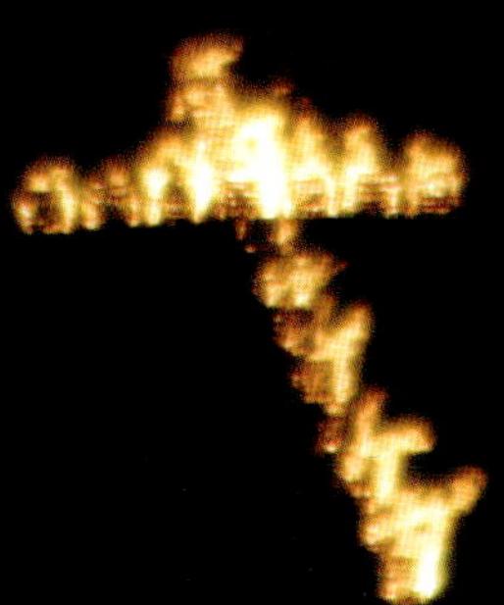

Eine eigenständige Richtung der Volksmusik hat sich in der Region Werdenfels nicht herausgebildet, wohl weil die Alpenregion seit jeher ihr eigenes, Grenzen übergreifendes kulturelles Gepräge besitzt. Der über Jahrhunderte durch die Region verlaufende Handelsverkehr sorgte aber für eine große Vielfalt. Auch wenn die Loisachtaler Saitenmusi „So klingt's im Werdenfelser Land“ singt und es zahlreiche Lieder von der Zugspitz' oder vom schönen Mittenwald und eine Werdenfelser Polka gibt, greifen die vielen Gesangsgruppen hauptsächlich auf den umfangreichen Lieder- und Jodlerschatz zurück, der aus alten Volksliedersammlungen aus dem gesamten bayerischen Alpenraum stammt und deren Aufzeichnung erst gegen Ende des 18. Jahrhunderts einsetzte. Von einer identitätsstiftenden Gewichtung kann nicht gesprochen werden. Als regionale Besonderheit haben sich jedoch die ausdrucksstarken Jodler und „Juchezer“ gefestigt. Die Brüder Rehm aus Garmisch-Partenkirchen haben diese Singart mit Intervallsprüngen, die vermutlich in Verständigungsrufen der Almhirten ihre Wurzeln haben, im zurückliegenden halben Jahrhundert wie keine anderen Sänger zu ihrem Markenzeichen gemacht.

Bergmessen

Es ist in allen Bergregionen guter alter Brauch, in Gottes freier Natur, umgeben von einer herrlichen Bergkulisse, in Messfeiern dem Allmächtigen zu danken und sich vor seiner Schöpfung zu verneigen.

Gottesdienst auf dem Kreuzeck

Volksmusik

Kinschdorfer Harfenmusi

Gottesdienst auf der Hochalm

Auch wenn der Anstieg zu den Almhütten und zu den Gipfelkreuzen manchmal recht beschwerlich ist, es lohnt sich allemal, die Strapazen auf sich zu nehmen und unter blauem Himmel eine Bergmesse mitzufeiern, zumal diese ohnehin nur stattfinden, wenn es die Wetterbdingungen zulassen. Meist spielt die örtliche Blaskapelle auf und dass die Werdenfelser ihre Tracht anziehen, ist eine Selbstverständlichkeit. Nach dem Gottesdienst treffen sich die Gläubigen häufig in nahe gelegenen Almen und Hütten, um ein wenig zu feiern. Es sind in der Regel die Trachten- und die Gebirgsschützenvereine, die in Bergmessen der Bergtoten und der Opfer der Kriege gedenken und ihnen dabei mit Standarten- und Fahnenabordnungen die Ehre erweisen.

Eine der beliebtesten Bergmessen ist die Ludwigsmesse am Schachen, und wenn das Wetter es zulässt, wird jeden Sonntagmittag an der Zugspitzkapelle eine Messe gelesen. Bergmessen gibt es von April bis Oktober, manchmal ist ein Bittgang damit verbunden. Gebetet wird zum Beispiel an der Lauterseekapelle bei Mittenwald, auf dem Eckbauer und auf dem Wank (Partenkirchen), auf dem Kohlgruber Hörnle, auf dem Osterfelderkopf, auf der Hochalm, auf dem Grasberg und auf dem Kreuzeck (Garmisch), auf dem Signalkopf bei Krün, an der Karwendelbahn, auf der Ederkanzel, an der Fereineralm und am Kranzberg (Mittenwald), auf dem Simetsberg und dem Signalkopf bei Wallgau, auf dem Brünstlekopf bei Farchant, auf dem Rauheck und auf dem Heimgarten (Ohlstadt), um nur einige zu nennen. Wann eine Bergmesse stattfindet, geben die örtlichen Pfarreien rechtzeitig bekannt.

Musikkapellen

Im Werdenfelser Land hat jede Gemeinde wenigstens eine Musikkapelle. Meist sind es identitätsstiftende Blasmusiken, die selbstverständlich nur in Tracht auftreten. Manche gehören den Trachten- oder den Schützenvereinen an, andere wiederum sind selbstständig organisiert. Sie begleiten und prägen das kirchliche und kulturelle Leben in den Märkten und Dörfern. Ob Prozessionen, Beerdigungen, Trachtenfeste, Schützenfeiern, Bauernhochzeiten, Kur- oder Standkonzerte, Einweihungen, Fahnenweihen, Sportereignisse, Ludwigsgedenken oder Almabtrieb, die Musik gibt den Veranstaltungen erst einen würdigen Rahmen. Großer Beliebtheit erfreuen sich die jährlichen Gau- und Bezirksmusikfeste sowie das erstmalig 1994 in Garmisch Partenkirchen organisierte Blasmusikfestival, wo meist Hunderte von Musikern miteinander aufspielen. Neben den Blasmusiken gibt es auch Spielmanns- und Trommlerzüge, Jugendkapellen und Bigbands sowie Musikvereine, die mehrere Gruppen und verschiedene Musikrichtungen aufbieten.

Gebirgsschützen

Die Gebirgsschützen, zu Beginn des Mittelalters entlang der Alpenkette in Bayern zur Landesverteidigung aufgestellt, verstehen sich heute als Hüter und Verteidiger der Volkskultur. Ihre lange Tradition und die enge Verflechtung ihrer Entwicklung mit der bayerischen Geschichte haben ihr Selbstverständnis geprägt und sie als Bewahrer bayerischer Traditionen unverzichtbar gemacht. Bei Staatsempfängen, Papstgeburtstagen in Rom oder beim Oktoberfesteinzug in München marschieren die Kompanien in Lederhose und Joppe, einen herausgeputzten Hut auf dem Kopf und mit dem Gewehr über der Schulter auf, um dann mit eindrucksvollen Salven das jeweilige Ereignis zu unterstreichen. Aber auch daheim in ihren Städten und Dörfern gibt es kaum kirchliche oder weltliche Feiern, die nicht durch die disziplinierte Begleitung der Kompanien mit ihren Fahnen aufgewertet werden. Sie organisieren Gaufeste und Schießtage. Darüber hinaus pflegen die Gebirgsschützen das alpenländische Volkslied durch Adventssingen und durch die 1953 ins Leben gerufene Kiem-Pauli-Stiftung. Durch kostenlose Hand- und Spanndienste werden zudem kulturell wertvolle Feldkreuze und Kapellen erhalten. Längst hat auch der Tourismus die Wirkung der eindrucksvollen Aufmärsche der Kompanien mit ihren historischen Waffen für sich entdeckt. Ein Pflichttermin für die Gebirgsschützen ist der Patronatstag, der jedes Jahr Anfang Mai an einem anderen Standort am Ehrentag der Mutter Gottes, der Patrona Bavariae, ausgerichtet wird. Als „Montur" tragen die Gebirgsschützen die ortstypische Tracht ihrer Heimat.

1492 wurden in ganz Oberbayern Musterungen durchgeführt, um die für den Aufbau einer „Landesdefension" wehrfähigen Männer zu rekrutieren. Diese lose Organisation bewährte sich in vielen nachbarschaftlichen Auseinandersetzungen, bis 1805 das „Corps baierischer Gebirgsschützen" zum Schutz der Südgrenze des Landes aufgestellt wurde. Erst ab da kommt das Werdenfelser Land mit in Betracht, denn bis zur Säkularisation gehörte die Grafschaft zum Erzbistum Freising und nicht zu Bayern. Auch wenn aus der Anfangszeit nicht viel über den Aufbau einer Grafschaftsverteidigung bekannt ist, so gibt es doch Belege, dass auch in Werdenfels schon im beginnenden Mittelalter Vorsorge betrieben wurde. Zum Beispiel im Jahre 1499 unter Fürstbischof Pfalzgraf Phillipp, als der Pfleger Hans von Adelshausen und Weikertshofen die wehrfähigen Männer der Grafschaft zu mustern hatte. Überliefert ist auch, dass 1525 im Bauernkrieg 32 Mann gegen die in Reutte liegenden protestantischen Truppen

Gebirgsschützen-Kompanien im Werdenfelser Land. *Kompanien gibt es in Eschenlohe, Garmisch, Partenkirchen, Kohlgrub, Mittenwald, Murnau, Oberammergau, Ohlstadt und Wallgau. Sie sind im Bataillon Werdenfels zusammengefasst.*

Gebirgsschützenkompanie Wallgau

kämpften und wegen der drohenden Türkengefahr 1529 und 1532 wehrfähige Männer verpflichtet wurden. 1632 wurden von Werdenfelsern am Steinernen Brückl (an der Grenze zu Bayern) „Verhaue“ angelegt. 1739 erließ Fürstbischof Johann Theodor eine Schützenordnung und am 26. November 1802 erklärte der bayerische Kurfürst und spätere König Max I. die Werdenfelser zu seinen „lieben Landeskindern“.

Bataillon Werdenfels. Nach der Aufnahme ins Corps baierischer Gebirgsschützen kamen die Werdenfelser Gebirgsschützen 1809 während des Tiroler Aufstands unter Andreas Hofer zum ersten Mal zum Einsatz. 1848 wurde eine „Gebirgsschützenordnung von Oberbayern“ erlassen und 1869 erfolgte die Auflösung der Gebirgsschützen als staatliche Organisation und die Überführung der aktiven Verbände in die Bayerische Armee. Aus den Garmischer Gebirgsschützen ging das „Freikorps Werdenfels“ hervor, das noch 1919 an der Niederschlagung der Münchner Räterepublik beteiligt war. Beim Tag des Alpenländischen Volkstums in Rottach Egern 1949 fand das erste Treffen der historischen Gebirgsschützenkompanien nach Kriegsende statt und 1951 wurde der Bund der Bayerischen Gebirgsschützen-Kompanien gegründet.

Schäffler

Alle sieben Jahre stehen Murnau und Partenkirchen in der Faschingszeit im Bann des Schäfflertanzes. Es handelt sich hierbei um einen der letzten Handwerkertänze, die den Zeitenwandel überdauert haben. Ursprünglich tanzten die Schäffler nur in München. Die schöne Legende, dass 18 Schäffler im Jahr 1517 dem Pesthauch trotzten und durch die Straßen zogen, um Fröhlichkeit zu verbreiten und den Menschen Mut zu machen, ist wissenschaftlich nicht belegt. 1517 war nämlich kein Pestjahr, außerdem wird schon im 14. Jahrhundert von vergleichbaren Tänzen berichtet. Durch wandernde Schäfflergesellen verbreitete sich der Brauch ab 1830 auch außerhalb Münchens.

Der Überlieferung nach brachte der „Schaffler-Michl“ (Michael Pittrich) den Tanz um 1842 von München nach Murnau, wo er 1859 erstmals aufgeführt wurde. Murnau hatte um diese Zeit elf Brauereien, sodass die Schäfflerfamilien mit ihrem Handwerk ein gutes Auskommen hatten. Die Fassmachergesellen hatten ihre Lehrzeit meist auswärts verbracht. Einige zog es nach München, wo es wegen der großen Brauereien gute Arbeitsmöglichkeiten gab. So tanzten Murnauer Schäffler schon immer beim Münchner Schäfflertanz mit. 1857 brannte fast der gesamte Markt Murnau ab. In den beiden Jahren danach wurden die Häuser wieder aufgebaut und die Mariensäule wieder aufgestellt. 1859 wurde dann ein großes Fest ausgerichtet. Dazu, so wird erzählt, organisierte der „Schaffler-Michl“, der zu jener Zeit Vorstand der örtlichen Schäfflerzunft (Vereinskommissär) war, mit Freunden die Aufführung des Schäfflertanzes. Es ist jedoch möglich, dass bereits vor 1859 der Tanz in Murnau existierte, denn 1992 tauchte ein Tanzstab mit der Jahreszahl 1837 auf. In Murnau wurde 1963 der „Verein zur Erhaltung des

Schäfflertanzes gegründet“, dessen Mitglieder mit ihrer Zunftkleidung auch bei weltlichen und kirchlichen Veranstaltungen für ein buntes Bild sorgen. Zuvor hatte sich ein „harter Kern“ um die Erhaltung des Brauches bemüht, denn waschechte Schäffler gibt es am Staffelsee schon lange nicht mehr. 2009 feierten die Murnauer anlässlich des ersten Schäfflertanzes vor 150 Jahren ein Jubiläumsfest mit Ausstellung und Festumzug, an dem über 30 Tanzgruppen aus dem süddeutschen Raum und aus Salzburg teilnahmen. Der nächste Schäfflertanz findet turnusgemäß 2013 statt.

Seit 1835 tanzen die Schäffler schon in Partenkirchen. Der Schäffler und Banzenmacher Andreas Lidl soll den Tanz ein Jahr zuvor nach Partenkirchen gebracht haben. Lidl war in München zur Lehre gegangen und weil er ein lustiger Bursche gewesen sein soll, hatte er „in der Isarstadt in Bayern draußen“ auf dem Marienplatz mittanzen dürfen. Nach Lidl's Rückkehr in die Heimat hatte er die Idee, den Tanz auch in Partenkirchen aufzuführen. Sein Vorschlag wurde damals angeblich begeistert aufgenommen. Bis zum Ersten Weltkrieg organisierten die ortsansässigen Schäffler und der Volkstrachtenverein „Werdenfelser Heimat“ alle sieben Jahre den alten Zunfttanz. Seither kümmert sich der Spar- und Stopselclub „Nassen“, dass ein Stück Orts-, Heimat- und Zeitgeschichte erhalten bleibt. In Partenkirchen tanzen die Schäffler wieder 2012.

Schäfflertanz. *Der Tanz der Handwerkergesellen mit unverwechselbarer Choreographie war Ausdruck des Zusammengehörigkeitsgefühls der Zunft. Die Tanzreihe, zu der eine Musikkapelle aufspielt, beginnt mit dem Honeur, das historisch auf die Bitte um Erlaubnis zur Aufführung des Tanzes gegenüber der Obrigkeit zurückgeht. Es folgen nach alter Tradition Laube, Runtel, Kreuz, Krone und Wolkentanz. Den Schluss bildet der Kontratanz bei dem der Reifenschwinger seine Reifen so geschickt und schwungvoll durch die Luft dreht, dass aus den darin stehenden vollen Schnapsgläsern kein Tropfen verschüttet wird. Die Tänzer werden von lustigen Fasskasperln begleitet.*

Weihe der Schäfflerfahne, Murnau

Almabtrieb

Während der Almauftrieb je nach Eintritt der Vegetationsperiode vor oder nach Pfingsten meist recht unspektakulär vonstattengeht, ist der Almabtrieb von alters her ein feierwürdiges Ereignis. Die Viehbesitzer freuen sich auf die Rückkehr ihrer Tiere und die Almhirten sind froh, dass die manchmal recht strapaziöse Bergeinsamkeit ein Ende hat. Ist der Almsommer Ende September Anfang Oktober zu Ende und für Mensch und Tier ohne tödliche Unfälle verlaufen, werden die Herden für den Almabtrieb geschmückt. Für den Kopfschmuck der Tiere werden traditionell Almrausch (Alpenrose) oder Latschenkiefer verwendet, aber auch Silberdisteln und Seidenblumen. Besonders herausgeputzt wird

In einigen Werdenfelser Orten ist der Almabtrieb mit der Viehscheid mit Musik- und Tanzveranstaltungen verbunden. In Krün wird seit einigen Jahren ein großer Bauernmarkt mit Rahmenprogramm organisiert.

die sogenannte Kranzkuh, die die Herde talwärts anführt. Sie bekommt einen besonders pompösen Kopfschmuck. Der „Kranz“ wird mit viel Liebe aus Zweigen, Blumen, Gräsern und Bändern in Form einer Krone geflochten. Meist enthält er ein Kreuz, womit um göttlichen Schutz gefleht wird, und einen Spiegel und Glocken zur Abwehr böser Geister. Kommen die Tiere von Gemeinschaftsalmen, erfolgt nach dem Almabtrieb im Tal die sogenannte Viehscheid, bei dem die Tiere wieder ihren Besitzern zurückgegeben werden.

Viehscheid, Krün

Schafabtrieb

Weil die Hänge sehr steil sind oder für Kühe zu wenig ergiebig, werden in manchen Gegenden Ziegen und Schafe auf die Almen getrieben. Die gesunde Rückkehr dieser Herden wird ebenso mit einem Almabtrieb gefeiert. Die Rolle der Kranzkuh übernimmt hier das Leitschaf oder die Leitziege. In Mittenwald kommen Kühe, Ziegen und Bergschafe an verschiedenen Wochenendtagen ins Tal zurück und jedes Mal wird ein großes Fest ausgerichtet mit Musik, Gaumenfreuden, Bauernmarkt und Rahmenveranstaltungen wie Tierprämierungen und Maschinenausstellungen. Bei Touristen besonders beliebt ist der Mittenwalder „Goaßatag". Ein besonderes Erlebnis ist auch der Schafabtrieb in Ohlstadt mit Schafscheid und Schafmarkt. Ebenfalls festlich begangen wird der Schafabtrieb in Garmisch-Partenkirchen.

Schafabtrieb, Ohlstadt

Ziegenabtrieb

Ziegenabtrieb, Mittenwald

Erntedank

Auch wenn die Menschen seit jeher das Bedürfnis hatten, Gott für die Früchte des Feldes zu danken und in der katholischen Kirche seit dem 3. Jahrhundert gottesdienstliche Feiern bezeugt sind, stand bis in die neuere Zeit hinein eher das Weltliche im Mittelpunkt. 1773 wurde in Preußen der allgemeine Erntedanktag eingeführt, der zunächst auf den Michaelitag (29. September) und später auf den Sonntag danach gelegt wurde. Dieser Regelung schloss sich die protestantische Kirche an. 1972 hat sich die katholische Kirche im deutschsprachigen Raum für den ersten Sonntag im Oktober entschieden, vorher war Erntedank meist mit anderen Festen wie Kirchweih verbunden. Die Gemeinden der beiden Kirchen haben aber freie Hand, auch einen anderen Termin zu wählen.

Wie von alters her werden im Werdenfelser Land zum Erntedankfest die Altäre der Gotteshäuser reich mit den Früchten des Feldes und des Gartens geschmückt und aus Getreideähren und Blumen schöne Erntekronen gesteckt. Oft bringen Kinder mit Obst und Gemüse gefüllte Erntekörbchen mit zum Gottesdienst und wenn eine Prozession angesagt ist, ist das ganze Dorf mit dabei – selbstverständlich in Tracht.

Ein besonderes Ereignis ist jedes Jahr die Erntedankprozession in Mittenwald mit Blasmusik, sämtlichen Vereinen mit Fahnen, mit Gebirgsschützen und Trachtlern. Hinreißend sind die „Rosenkranzmädchen“ mit dem „Kranl“, dem Jungrauenkrönlein im Haar, und die Junggesellenbruderschaft schwenkt ihre haushohen Fahnen, wie zum Beispiel die „Margarethen-Fahn, die „Müller-Fahn“ oder die „Alisi-Fahn“. Dass nachher im ganzen Marktflecken Erntedank gefeiert wird, versteht sich von selbst.

Prozession, Wallgau

Gestütsparade

Für Pferdeliebhaber ein „Zuckerl" sind die jährlichen Gestütsparaden. Angebunden an ein großes Guts- und Brauchtumsfest zeigen Reitergruppen aus aller Welt ihre Kunst im Umgang mit Pferden und ihre Reitkünste. Husaren oder ungarische Steppenreiter, Post- und Herrschaftskutschen und Gäuwagerl kommen je nach gewähltem Motto vor, sogar Asterix und Obelix waren schon mit dabei. Höhepunkt ist meist der Auftrieb ganzer Herden kräftig gewachsener Fohlen oder stürmischer Junghengste oder aber auch von Stuten mit ihrem Nachwuchs.

Kirchweih

Im Bauernjahr war Kirchweih früher eine begehrte Abwechslung. Familienmitglieder, die auf anderen Höfen zum Gesinde gehörten oder andernorts in Diensten standen, kamen nach Hause und auch Freunde wurden eingeladen. Nach der entbehrungsreichen Erntezeit war das Verlangen nach einer Zeit des Ausschnaufens und des Frohsinns groß. Die Kinder freuten sich auf die Kirta-Nudeln und auf die Kirta-Hutschn, die Burschen und Dirndl auf den Kirta-Tanz, und alle zusammen auf einen reich gedeckten Tisch. Gefeiert wurde mehrere Tage, ganz nach dem Motto: „A richtiger Kirta dauert bis zum Irta (Dienstag). Wann sie's tuat schicka, aa bis zum Migga (Mittwoch)". Vor allem die leiblichen Genüsse machten den Kirta bedeutungsvoll, gab es doch nur „alle heilig Zeiten" Fleisch und auch sonst waren die Speisen nicht gerade deftig und üppig. Daher war der Tag allen gleichsam „heilig", konnten sie sich doch endlich einmal so richtig satt essen. Und die Bauernleut' selbst ließen sich zum Kirchweihfest auch nicht lumpen und trugen auf, was Stall, Garten und Felder hergaben. In Garmisch war früher am Kirchweihmontag Viehmarkt mit großem Fest drumrum und Mittenwald beging den Schützenjahrtag.

In Unterammergau hat sich in Erinnerung an die Dorfbrände 1777 und 1836 die „Kirta-Nacht" erhalten. Am Vorabend des Kirchtages ziehen junge Burschen, angeführt von einem Nachtwächter, von Haus zu Haus und mahnen mit einem überlieferten Nachtwächterruf zum sorgsamen Umgang mit dem Feuer.

Schon in vorchristlicher Zeit wurden Gebets- und Opferplätze als heilige Stätten geweiht. Das Christentum griff diese Tradition mit ausdrücklicher Billigung des Heiligen Stuhls auf und übertrug sie auf

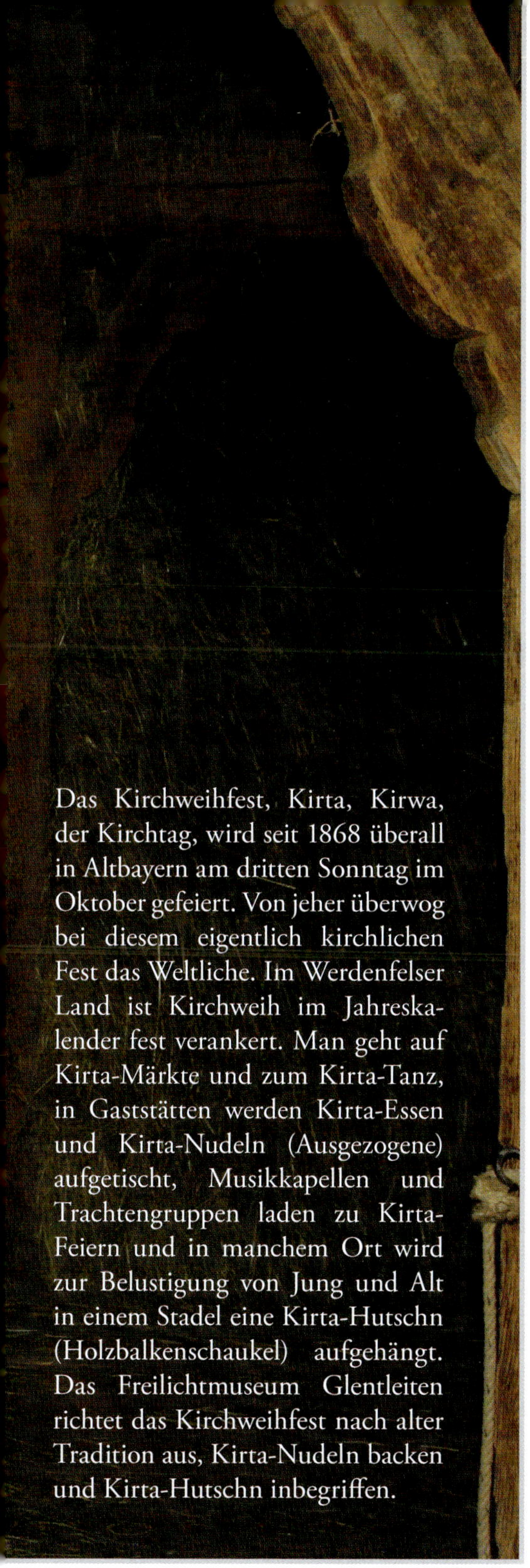

Das Kirchweihfest, Kirta, Kirwa, der Kirchtag, wird seit 1868 überall in Altbayern am dritten Sonntag im Oktober gefeiert. Von jeher überwog bei diesem eigentlich kirchlichen Fest das Weltliche. Im Werdenfelser Land ist Kirchweih im Jahreskalender fest verankert. Man geht auf Kirta-Märkte und zum Kirta-Tanz, in Gaststätten werden Kirta-Essen und Kirta-Nudeln (Ausgezogene) aufgetischt, Musikkapellen und Trachtengruppen laden zu Kirta-Feiern und in manchem Ort wird zur Belustigung von Jung und Alt in einem Stadel eine Kirta-Hutschn (Holzbalkenschaukel) aufgehängt. Das Freilichtmuseum Glentleiten richtet das Kirchweihfest nach alter Tradition aus, Kirta-Nudeln backen und Kirta-Hutschn inbegriffen.

Kirchen. So kam jedes Gotteshaus zu einem Weihetag, der jedes Jahr gefeiert wurde. Da der Weihetag im Laufe der Zeit zugunsten des Patroziniums (Namenstag des Kirchenheiligen) zurückgedrängt worden war, wurde 1868 der dritte Oktobersonntag als einheitlicher Kirchweihtag festgelegt. Der Volksmund spricht daher auch von der „Allerweltskirchweih".

Zu dessen Einführung gibt es aber auch eine andere Lesart: Weil die Obrigkeit immer wieder erleben musste, wie das gemeine Volk nicht nur bei der eigenen Dorfkirchweih, sondern auch in den Nachbardörfern der Völlerei huldigte, der Trinkerei frönte, liederlich das Tanzbein schwang, wild durcheinander raufte, unbeherrscht hutschte und dabei die Arbeit vergaß, wurde der Kirchweihtag einheitlich auf die Zeit nach der Ernte verlegt.
Zum Kirchweihfest wird eine rot-weiße Fahne aus dem Kirchturm gehängt. Diese Fahne nennen die Leute „Zachäus" oder „Zacherl", nach dem Evangelium des Kirchweihsonntags. Darin wird über Zachäus berichtet, der auf einen Baum stieg, um Christus in der Menge zu sehen.

Kirchweih Kiacherl. *1 Pfund Mehl, 15 g Hefe, 1/4 l Milch, 1/2 Kaffeelöffel Salz, abgeriebene Zitronenschale, 1 Ei, 3 gehäufte EL Zucker, 40 g Fett für den Teig, Ausbackfett.*

Das Mehl in einer Schüssel erwärmen, die Hefe zerbröckeln und in einer Tasse mit einem Kaffeelöffel Zucker und 4 Esslöffeln Milch verrühren. In das Mehl eine Grube machen und das angerührte Dampfl hineingeben. Die Schüssel mit einem Tuch zudecken und das Dampfl warmgestellt 10-15 Minuten gehen lassen. Salz, Zucker, Ei, das zerlassene Fett und die restliche Milch zum Mehl geben. Alles gut mit dem Dampfl abschlagen, bis der Teig Blasen wirft und sich vom Schüsselrand löst. Hierauf zudecken und an warmer Stelle eine gute Stunde gehen lassen.
Danach runde Nudeln formen. Auf dem Nudelbrett nochmals gehen lassen. Das Backfett erhitzen und dann die Nudeln von der Mitte aus so ziehen, dass ein dicker Rand bleibt. Man kann sie auch übers Knie ziehen, damit sie außen schön rund und innen dünn sind. Sofort in das Fett geben und auf beiden Seiten braun backen. Die „Auszognen" müssen in der Mitte ganz hell bleiben. Die Kiacherl in Zimt und Zucker wenden.

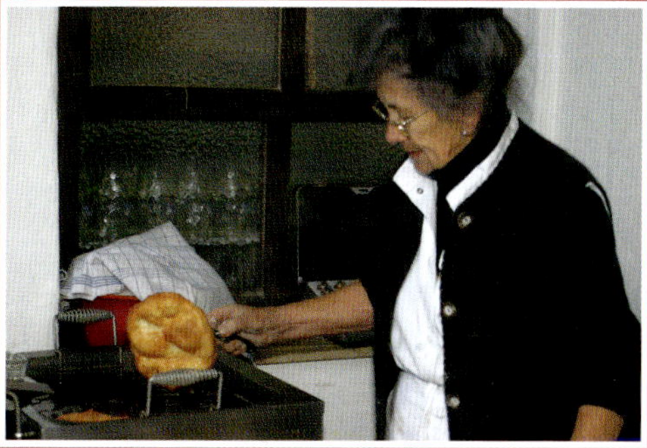

Inge Zangerl, Großweil, wünscht einen guten Appetit.

Leonhardiritte und -fahrten

Pferdewallfahrten zum Heiligen Leonhard, einem der beliebtesten Schutzpatrone Bayerns, haben eine lange Tradition. Leonhard war Abt von Noblac bei Limoges und wirkte um 500 am Hofe des Frankenkönigs Chlodwig. Ursprünglich galt St. Leonhard als Schutzheiliger der Gefangenen. Durch seine Fürbitten sollen viele Eingekerkerte in Freiheit gelangt sein. Abbildungen und Figuren zeigen ihn stets mit Ketten. Die Bauern interpretierten diese als Viehketten und so wurde er auch zum Schutzpatron der Pferde.

In Bayern wird Leonhard als Volksheiliger verehrt. Vielerorts wird er sogar als „bayerischer Herrgott" bezeichnet.

Murnau/Froschhausen

An Größe und Schönheit kann sich der Leonhardiritt von Murnau nach Froschhausen mit dem berühmten Tölzer Ritt durchaus messen. Jedes Jahr am Leonharditag, 6. November, ziehen rund 300 Reiter auf prächtig geschmückten Pferden aller Rassen und Dutzende Kutschen und Themenwagen durch die Murnauer Marktstraße nach Froschhausen zur St. Leonhardskirche, um nach einer Messe im Freien für Mensch und Tier den Segen zu erbitten.

St. Leonhard Froschhausen.
Sehenswert ist die Leonardskirche, deren schlichter Bau gotischen Ursprungs ist und 1631 unter den Chorherren von Habach barockisiert wurde. 1730 wurden ein neuer Turm und ein Emporeanbau errichtet. Die prächtige Spätrokokoausstattung entstand im letzten Quartal des 18. Jahrhunderts. Im Zentrum des Hochaltars erblicken wir unter einem Baldachin den Kirchenpatron St. Leonhard in der Gloriole.

Manchmal werden sogar Landschaftswagen mitgeführt, auf denen sich Jäger, Gams und Hirsch vor beeindruckender Bergkulisse friedlich gegenüberstehen. Besonders reizvoll sind die ideenreich gestalteten Wagen mit Nachbildungen von Kapellen im Umkreis, mit Szenen wie Fischer mit Boot, Heuarbeiter beim Strah-Trischn oder Zimmerer beim zusammenbauen einer Kirchturmzwiebel.

Leonhardiritt, Murnau

Garmisch-Partenkirchen

Brauchtumspflege und zugleich Touristenattraktion ist mittlerweile auch der Leonhardiritt in Garmisch-Partenkirchen. Mensch und Tier im Festtagsgewand, aufpolierte Kutschen und geschmückte Wagen ziehen zum Schützenplatz, wo Pferde und Reiter gesegnet werden. Das Brauchtum geht auf den früheren Partenkirchner Mesner Anton Weiss zurück, der dem Heiligen Leonhard im Hasental einen Bildstock aufgestellt hatte. Im Jahre 1989 sind die Rosserer zum ersten Mal dorthin gepilgert. In den Folgejahren hat sich der Brauch nach und nach durchgesetzt.

Unterammergau/Kappel

Klein aber fein ist der Unterammergauer Leonhardiritt. Er findet traditionell am letzten Sonntag im Oktober statt und versammelt über hundert Reiter mit ihren Prachtpferden sowie zahlreiche mit Zweigen und Blumen geschmückte Kutschen und Wägen. Von Unterammergau führt der Weg zur weithin sichtbaren Kappel-Kirche, an der im Rahmen einer kirchlichen Feier Pferd und Reiter gesegnet werden. Der Leonhardiritt wurde 1963 vom damaligen Pfarrer Johann Braun, Hans Götschl und später Peter Speer ins Leben gerufen, um der ältesten Kirche im Ammertal, dem früheren Ziel einer Heilig-Blut-Wallfahrt, wieder eine feste Bedeutung im Kirchenjahr zu geben.

Die kleine Wallfahrtskirche wurde bereits 1450 urkundlich genannt. Die Erbauung geht auf ein nicht genauer erwähntes „wunderbares Ereignis“ zurück. 1680 baute Johann Schmuzer aus Wessobrunn den Chor neu und um die Mitte des 18. Jahrhunderts gab Franz Xaver Schmuzer dem Raum ein einheitliches Gewand. Nach der Säkularisation sollte die Kirche abgebrochen werden, was die Unterammergauer aber verhindern konnten. Der Oberammergauer Lüftl-Maler Franz Seraph Zwinc malte 1770 die Fresken.

Kripperl

Durch die in der Region heimische Holzschnitzkunst und die Neigung zur Malerei in Kombination mit der Frömmigkeit der Menschen ist das Werdenfelser Land auch zum Krippenland geworden. Da beim Schnitzen und Malen das sakrale Element überwog, entstand bald eine Krippen- und Figurenvielfalt, die selbst die bayerischen Herrscher begeisterte und als „Scheitlware" in die Welt verkauft wurde. Tausende Gläubige und Touristen bewundern alljährlich zur Weihnachtszeit die prachtvolle Krippe im Petersdom zu Rom. Sie stammt von dem Oberammergauer Künstler Heinrich Zunterer, der diese mit seinen Schülern 1985 im bayerischen Barockstil anfertigte. In einigen Musen sind Schnitzereien aus allen Epochen und zahlreiche Weihnachtskrippen ausgestellt. Besonders bewundernswert ist die historische Oberammergauer Weihnachtskrippe. Die bekannten Lüftlmaler Seraph Zwinck und Sebastian Pfeffer haben auch Figuren und Papierkrippen geschaffen, die im Garmischer bzw. Oberammergauer Museum ausgestellt sind. Durch die Gründung des Vereins Werdenfelser Krippenfreunde im Jahre 1957, der Krippenausstellungen und Besichtigungen sowie Kurse organisiert, erfreut sich der Krippenbau im Werdenfelser Land wieder großer Beliebtheit. Sebastian Pfeffer schuf für den Verein Werdenfelser Krippenfreunde eine wunderschöne Freikrippe, die jedes Jahr an Weihnachten wechselweise in Garmisch und Partenkirchen aufgebaut wird.

Papierarbeit, Heimatmuseum Oberammergau

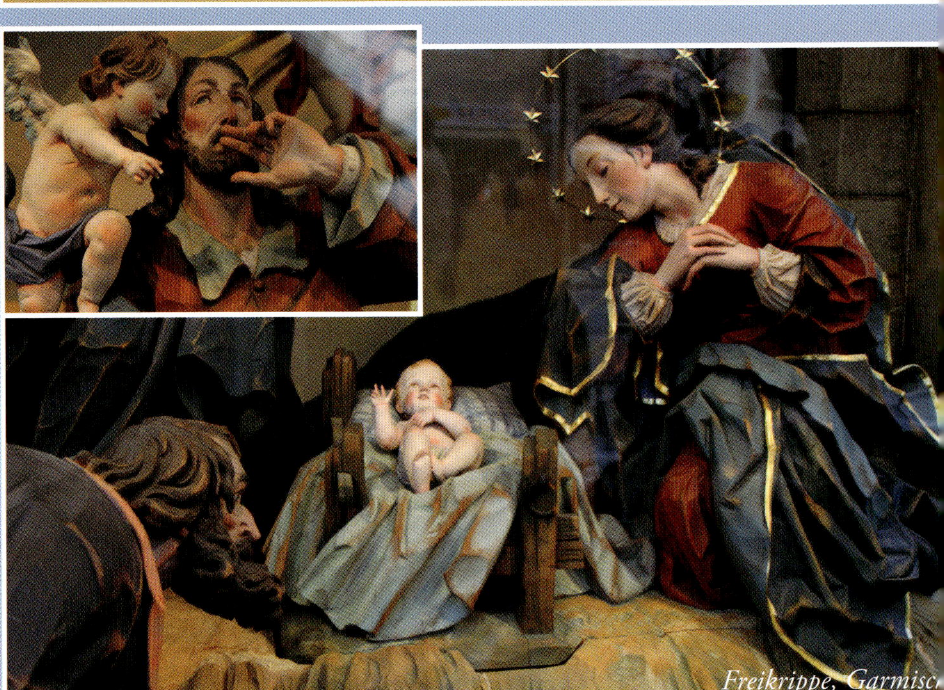

Freikrippe, Garmisch

Wurzelkrippe, Krippenmuseum Oberau

Hornschlittenrennen

Jedes Jahr am Dreikönigstag wird auf dem Weg zur Partnachalm, der von der Straße zwischen Skistadion und Partnachklamm abzweigt, die bayerische Meisterschaft im Hornschlittenfahren ausgetragen. Sein Ursprung geht auf eine Wette zurück, die dazu führte, dass am 6. Januar 1970 bei Nacht von der Partnachalm herab sieben Hornschlittenfahrer gegeneinander antraten. Ein Jahr später wurde der Hornschlittenverein Partenkirchen aus der Taufe gehoben, der das international bekannte Ereignis für Tollkühne jedes Jahr ausrichtet. Gestoppt wurde damals mit Armbanduhren, die Strecke war mit Fackeln beleuchtet, der Startschuss wurde mit einem Gewehr gegeben. Etwa 1,2 Kilometer ist die Strecke lang, der Höhenunterschied beträgt 160 Meter. Mittlerweile ist das Meisterschaftsrennen mit traditionellem Fahrerlager, mit Musik, Würstchenbuden und Glühweinstand ein erlebenswertes Winterspektakel.

In früheren Zeiten wurde der Hornschlitten als Transportmittel benutzt. Mit ihm wurde Holz aus dem Wald geholt und Futter für die Tiere transportiert. Im Werdenfelser Land wurde die besondere Bauart entwickelt, die heute bei den Bayerischen Meisterschaften in Partenkirchen zugelassen ist.

Hornschlitten wurden früher mit Hilfe eines Lederriemens durch Wald und Tiefschnee zum Aufladeplatz an den Berghängen getragen, beladen ging es dann wieder abwärts. Insbesondere mit Holzstämmen im Rücken war die Abfahrt damals höchst gefährlich, beim Hornschlittenrennen ist sie eher eine ehrgeizige und sportliche Betätigung mit hohem Spaßfaktor. Seinen Namen hat der Hornschlitten von den vorne nach oben verlängerten Kufen, die zum Schieben des Schlittens und beim waghalsigen Rennen als Haltegriffe dienen. Gelegentlich ist auch die Bezeichnung Hörnerschlitten zu hören.

Zugspitz-Region

Das Werdenfelser Land ist im Süden begrenzt vom Wettersteinmassiv mit Deutschlands höchstem Berg, der Zugspitze (2962 Meter). Im Südosten schließen sich Ausläufer des Karwendels an, dem nach Norden das Esthergebirge folgt. Im Westen bilden die Ammergauer Alpen einen natürlichen Abschluss. Abgesehen von den weicheren Landschaften in den Tälern der Isar, der Loisach und der Ammer ist das vorgelagerte Land gebirgig. Nur der nördliche Teil, das Staffelsee- und Riegseegebiet, wird geographisch dem Alpenvorland zugerechnet. Die Gebirge sind aus Ablagerungen eines Meeres entstanden, das vor Millionen von Jahren durch Verfaltungen und Zusammenschiebungen des Untergrundes verschwand. Versteinerte Muscheln und Korallen im Wettersteinkalk beweisen dies. Wissenschaftler gehen davon aus, dass sich im heutigen Alpenraum mehrere Tausend Meter mächtige Meeressedimente angehäuft hatten. Weiter geformt wurde die Region durch die vier Eiszeiten Günz, Mindel, Riß und Würm, die immer von teils tro-

pischem Klima abgelöst wurden. Riesige Gletscher dehnten sich vom Inntal her aus und schliffen Täler aus. Vom Partnachtal und dem Höllental drängten die Eismassen und deckten die Täler stellenweise bis zu einer Höhe von 1800 Meter zu. Im Alpenland lagerten sich Moränen ab, welche im Zuge der Schmelze riesige Seen anstauten. Diese bauten sich mit der Erwärmung seit der letzten Eiszeit vor rund 20000 Jahren ebenso ab wie die Schmelzwasserströme. Zurückgeblieben sind Flüsse und Bäche, größere und kleinere Seen und das riesige Murnauer Moor sowie zahlreiche sumpfige Wiesenflächen. Sie betonen heute die landschaftliche Schönheit in besonderer Weise.

Die Tourismusgemeinschaft
Zugspitz-Region gliedert sich in vier Talschaften:

- *Alpenwelt Karwendel*
- *Ammergauer Alpen*
- *Das Blaue Land*
- *Zugspitzland*

Auskunft:
Tourismusgemeinschaft
Zugspitz-Region
Richard-Strauß-Platz 1a
D-82467 Garmisch-Partenkirchen
Telefon (0 88 21) 180 484
Telefax (0 88 21) 180 485
eMail info@zugspitz-region.de

Alpenwelt Karwendel

Das Karwendelgebirge mit seinen Fluchten und dem grauen Fels zählt angeblich 125 Gipfel über 2000 Meter. Schon 1928 wurde begonnen, nach und nach Gebiete unter Naturschutz zu stellen, 1989 wurden die Schutzgebiete im Alpenpark Karwendel zusammengefasst. Der weitaus größere Teil des Karwendels ist österreichisch. Das Gebirge zieht sich in vier Ketten von West nach Ost. An den Seiten hängen sich weitere Ketten und Berggruppen an. Im Norden breitet sich ein weitläufiges Vorgebirge aus. Das Gebirge besteht aus Kalkstein, in manchen Regionen (Erlspitzgruppe) ist auch der Dolomitstein zu finden. Auf Tiroler Seite entspringt die Isar. Im Tourismusbüro im tirolischen Scharnitz wird ausführlich über das Karwendel informiert. Dort ist auch ein 8000 Jahre altes Elchskelett zu sehen, das im Karwendelgebiet gefunden wurde. Die offizielle Erstbesteigung wird Markus Vincent Lipold Haller zugeschrieben. Im Sommer 1870 schaffte Hermann von Barth als Alleingänger 88 Gipfel. Der „Erschließer" des Karwendels begründete die Benennung der Gebirgsketten nach den Tälern, die sie im Süden begrenzen. (Karwendeltal, Hinterautal, Halltal, Inntal). Den Sommer über bieten 14 Hütten des deutschen und österreichischen Alpenvereins und zwölf private Hütten Einkehr- und Übernachtungsmöglichkeit.

Gemeinden der Region:

- *Mittenwald*
- *Krün*
- *Wallgau*

Auskunft:

Alpenwelt Karwendel
Tourist-Information Mittenwald
D-82481 Mittenwald
Telefon 01805-127 100
Telefax 01805-127 110
info@alpenwelt-karwendel.de

Natur-Informationszentrum

Wie ein überdimensionales Fernrohr aus Lärchenholz ragt seit Juli 2008 in 2244 Meter Höhe das Naturinformationszentrum „Bergwelt Karwendel“ über die Felskante der westlichen Karwendelspitze. „Deutschlands höchst gelegenes Klassenzimmer“ bietet einen grandiosen Ausblick auf der einen Seite in das 1300 Meter tiefer gelegene Isartal, auf der anderen in die Karwendelmulde, in der die Schneehühner eines ihrer letzten Rückzugsgebiete in den bayerischen Alpen haben. Begrüßt wird der Besucher mit einem akustischen Gewitter sowie mit Filmen und Projektionen, die auf die Besonderheiten der Hochgebirgswelt einstimmen sollen. Murmeltiere, Gämsen und Steinadler, Tiere, die man selten zu Gesicht bekommt, werden in Lebensgröße gezeigt. Vom Museum aus sind geführte Wanderungen möglich.

***Bergwelt Karwendel.** Das höchst gelegene Museum Bayerns ist mit der Karwendelbahn erreichbar und informiert auf 200 Quadratmeter Ausstellungsfläche über die einzigartige Naturregion des Karwendelgebirges und über das größte Schutzgebiet der Ostalpen. Es zeigt Geologie und Klima, Flora, Fauna sowie die land- und forstwirtschaftliche und touristische Nutzung. Ziel ist es, das Informationszentrum zu einem Vorbild-Standort für Umweltbildung zu entwickeln.*

Dammkar

Das Dammkar, ein steil ansteigendes Hochtal in der nördlichen Karwendelkette, das sich auf der Ostseite fast bis zum Gipfel der Westlichen Karwendelspitze zieht, war früher beliebtes Skigebiet. Da die kleine Gondel nur 35 Wintersportler auf einmal zum Gipfel bringen konnte, die Pistenpräparierung immer

teuerer wurde, der Konkurrenzdruck der großen Skigebiete rundherum ständig zunahm und eine Ausweitung nicht möglich war, gab die Karwendelbahn-Aktiengesellschaft nach der Wintersaison 1988/89 das Skigebiet auf. In den 50er und 60er Jahren waren die Skifahrer noch mit Sonderzügen von München nach Mittenwald gefahren. Bis zu zweitausend Skifahrer marschierten damals an Wochenendtagen im Gänsemarsch das Karwendel hinauf, um einmal die sieben Kilometer lange Abfahrt genießen zu können.

In den zurückliegenden Jahren wurde das Dammkar jedoch von den Freeridern wiederentdeckt. Hier können sie über unpräparierte Tiefschneehänge ins Tal wedeln. Die Freerider fahren mit der Gondel zur Bergstation und erreichen durch einen Tunnel im Berg die Piste zurück nach Mittenwald. Mittlerweile sind auch immer mehr Snowboarder, Skiwanderer und Schneeschuhgeher anzutreffen.

Der Deutsche Alpenverein trägt auf der Abfahrt jährlich den „Dammkarwurm" (wegen der lang gezogenen Piste) aus, ein Wettkampf im Skibergsteigen. Es gibt eine Strecke mit 1900 und eine mit 1300 Höhenmeter. An manchen Stellen hat der Anstieg eine 40-Grad-Neigung, sogenante Skitrage-Passagen.

Auch in schneefreien Zeiten zieht das Dammkar Bergsportler an. Ob über die Mittenwalder Hütte oder direkt über das Dammkar, beide Wege in Richtung Karwendelgipfel erfordern gute Kondition.

Mittenwald

Unweit des Isarursprungs und der Leutaschklamm zwischen Karwendel und Wetterstein gelegen, mit seinen Bergseen und seiner Nähe zu den Buckelwiesen ist der Luftkurort mit landschaftlichen Besonderheiten reich bestückt.

Als Zentrum des Streich- und Zupfinstrumentenbaus hat Mittenwald Weltruf. Der Ortsname geht auf eine damals im Scharnitzer Wald gelegene Rodungssiedlung zurück und wird 1096 erstmals als „in media silva“ (mitten im Wald) schriftlich erwähnt. Da der Ort an einer der ältesten Römer- und Handelsstraßen liegt, der Via Claudia Augusta, glauben Historiker, dass hier einst die Straßenstation Scarbia lag, die in der kartografischen Darstellung des römischen Straßennetzes von Konrad Peutinger (Tabula Peutingeriana) vermerkt ist. Sicher war die Gegend zur Römerzeit längst besiedelt.

Im Mittelalter war Mittenwald bedeutender Warenumschlagplatz auf der Handelsroute über die Alpen und profitierte vom Rottwesen. Die Wälder der Umgebung lieferten Holz für die Flößerei auf der Isar. Der Flößerzunft gehörten zeitweise über 20 Meister und zahlreiche Gesellen aus Mittenwald an. Zwischen 1487 bis 1679 wurde der Bozener Markt und damit der transalpine Fernhandel nach Mittenwald verlegt, was der Bevölkerung großen Wohlstand brachte. Nach der Rückverlegung des Marktes gab es zwar noch die Rott, aber die Einnahmen, die der Warenhandel fast 200 Jahre gebracht hatte, fehlten. Die folgenden Notjahre hörten allmählich auf, nachdem Matthias Klotz, ein Sohn Mittenwalds, 1684 den Geigenbau ins Dorf gebracht hatte, der bis heute überdauert. Im Geigenbaumuseum kann die Entwicklung des Geigenbaus nacherlebt werden. Alle vier Jahre findet der Internationale Geigenbauwettbewerb statt. Am Obermarkt auf einem Sockel aus Trientiner Marmor ist dem Begründer des Mittenwalder Geigenbaus ein Denkmal gesetzt.

Bilderbuch Werdenfels. *Der 1361 von Karl IV. zum Markt erhobene Ort Mittenwald ist wegen seiner vielfältigen, kunstvollen Lüftlmalereien an den geschichtsträchtigen, gestaffelten Giebelhäusern mit Tonnengewölben und alten Torfassaden, die im verkehrsfreien, urwüchsigen Ortskern zu bewundern sind, ein Aushängeschild für das Werdenfelser Land. Dichterfürst Goethe nannte den Ort ein „lebendiges Bilderbuch“.*

St. Peter und Paul. *Die katholische Pfarrkirche ist eine der schönsten Gotteshäuser in den Bayerischen Alpen. Die ursprünglich gotische Kirche wurde 1740 vom Wessobrunner Künstler Joseph Schmuzer barockisiert und mit Stuckarbeiten reich dekoriert. Die kostbaren Deckengemälde stammen von Matthäus Günther. Von weitem sichtbar ist der mit Fresken bemalte Turm mit Darstellungen der Kirchenpatrone in zwei übereinandergestellten Triumphbögen. Der Entwurf für die auf das Jahr 1746 datierten Malereien soll ebenfalls von Matthäus Günther stammen. Eine Vorgängerkirche wird 1315 erstmals in einem Schriftstück genannt.*

Im Geigenbauer-Dorf spielen auch die Engel Geige. Fresko von Matthäus Günther in der Pfarrkirche Mittenwald (Ausschnitt).

Am Ende des 17. Jahrhunderts entfalteten sich die Bortenwirkerei und die Filetseidenstickerei als neue Gewerbe. Mit der Eröffnung der Bahnlinie Garmisch-Partenkirchen – Innsbruck (Mittenwaldbahn) kamen die ersten Touristen in den Ort.

Die Brauchtumspflege spielt in Mittenwald eine große Rolle. Der Fasching ist in Mittenwald eine besondere Attraktion. „Maschkara", wie Schellenrührer, Jackelschutzer und Pfannenzieher, ziehen durch Straßen und Gaststätten. Besonders eindrucksvoll sind die individuellen Holzlarven, die sich oft seit Jahrhunderten in Familienbesitz befinden.

Wie ein Bilderbuch wirkt der Ortskern mit den teils farbkräftigen Lüftlmalereien zum Beispiel am Hornsteiner-, Hogl-, Neuner- oder Schlipferhaus, am Hotel Alpenrose sowie am Geigenbau- und Heimatmuseum. Das Pilgerhaus mit der Pilgerhauskapelle (1492), in dem schon Martin Luther und Albrecht Dürer übernachteten, ist mit herrlichen Freskenmedaillons und Stuckarbeiten geschmückt. Eine originelle Rarität ist das Mittenwalder Wolpertinger-Museum, das einen Blick in die humoristische Volksseele zulässt. Mehrere Kurparks laden zur Erholung ein. Zu empfehlen sind Spaziergänge zur evangelischen Dreifaltigkeitskirche und zum Friedhof mit der gotischen Flößerkirche St. Nikolaus.

Bozener Markt. Alle fünf Jahre feiert Mittenwald in Erinnerung an die Blütezeit einen „Bozener Markt". 2007 wurde an die Marktverlegung vor 520 Jahren erinnert. Das historische Markttreiben, auf dem altes Handwerk gezeigt wird, Gaukler und Feuerschlucker, Troubadoure, Kauf- und Edelleute auftreten, Marktstände, Faktoreien und Weinschänken ihre Waren feil bieten und Theater und musikalische Darbietungen für das richtige Ambiente sorgen, lockt Tausende Besucher an.

Brendtenfeier. Mittenwald wurde in den 1930er Jahren Garnison der Gebirgstruppe der Wehrmacht und ist seit 1956 Bundeswehrstandort. Alljährlich gedenkt die soldatische Traditionsgemeinschaft „Kameradenkreis der Gebirgstruppe" an einem eigens dafür errichteten Ehrenmal auf dem Hohen Brendten ihrer Gefallenen und verstorbenen Kameraden. Die Veranstaltung gilt als Deutschlands größte Soldatenfeier und ist höchst umstritten, weil deutsche Gebirgstruppen während des Zweiten Weltkriegs an zahlreichen Gräueltaten beteiligt waren. Ein Denkmal, das der Arbeitskreis „Angreifbare Traditionspflege" der Gemeinde stiftete, wurde 2010 vor der Grund- und Hauptschule offiziell eingeweiht.

***Weltmeisterlich!** Stolz sind die Mittenwalder auf die berühmte Biathletin Martina Beck (Glagow).*

Rund um Mittenwald sind im Sommer und im Winter den Freizeitmöglichkeiten keine Grenzen gesetzt. Zu Fuß oder mit der Karwendel- und der Kalvarienberg/Kranzbergbahn kommt man in die nahen Berge. Eine Herausforderung sind der Mittenwalder Höhenweg und das Dammkar. In der Region gibt es Skilifte und Rodelbahnen ebenso wie Klettersteige und bewirtschaftete Berghütten. Spektakuläre Erlebnisse bietet die Leutaschklamm. In Mittenwald startet der Bike-Transalp-Challenge nach Riva (Gardasee) und der deutsche Skiverband betreibt ein Nordic-Walking-Aktiv-Zentrum. Das Erlebnisbad und die vielen Seen rund um Mittenwald laden zum Baden ein. Wanderungen zum Wildensee, zum Schmalensee mit dem Schmalensee-Gestüt oder zum Luttensee mit Liegewiese, Alm und Skilift bieten Naturerlebnisse zu jeder Jahreszeit. Für Groß und Klein interessant ist der Hochseilgarten beim Campingplatz Isarhorn mit Isar-Rutsche, Kletterturm und Boulderwand.

Rund um Mittenwald machen Lehrpfade die Entstehung der Alpen und ihrer Gesteine begreiflich. Den Lebensraum Karwendel, den Alpenpark und alles was dazu gehört erklärt das Naturinfomationszentrum in der Nähe der Bergstation der Karwendelbahn, das wegen seiner Form auch „Alpenfernrohr“ genannt wird. In der Bergstation geben sich immer wieder Paare „in luftiger Höh'“ das Jawort.

Ein „Kuriosum“ ist das „Wolpertinger Museum“, in dem Dutzende Exemplare der sagenhaften urbayerischen Geschöpfe ausgestellt sind.

Lautersee. Auf dem kleinen Bergsee westlich von Mittenwald südlich des Hohen Kranzbergs gibt es ein Hotel, eine kleine Badeanstalt und einen Bootsverleih. Den Weg von Mittenwald übers romantische Laintal belohnen ein Wasserfall und eine Mariengrotte.

Eine Pflege für's Gemüt ist die Kapelle „Maria Königin“, ein Gemeinschaftswerk der Bildhauer- und Lüftlmaler-Familie Pfeffer aus Mittenwald.

Ferchensee. Westlich vom Lautersee liegt noch ein kleiner Badesee mit kristallklarem Wasser. Da der Ferchensee von kleinen Bergbächen gespeist wird, bleibt er auch im Sommer kühl. Auch an diesem Naturjuwel gibt es einen Kiosk und ein Restaurant.

Blick vom Hohen Kranzberg

Leutaschklamm

Die Durchquerung der mit 1650 Meter längsten Klamm der östlichen Kalkalpen ist erst seit wenigen Jahren möglich, nachdem im Rahmen eines deutsch-österreichischen Projekts 1,4 Millionen Euro in den Brücken-, Steig- und Wegebau investiert worden waren. In Anspielung auf die Sage vom Klammgeist, der sich während der letzten Eiszeit auf die Berggipfel zurückzog und nach dem Abschmelzen der Gletschermassen die Leutaschklamm zu seinem Reich wählte, wird sie auch Geisterklamm genannt. Der Einstieg zur ganzjährig geöffneten Klamm lässt sich ab Bahnhof Mittenwald in gut 30 Minuten erreichen.

Den Touristen werden drei Wege angeboten, der Klammgeistweg, der Koboldpfad und der Wasserfallsteig, an dessen Ende die Leutasch 23 Meter in die Tiefe stürzt. Nach der Besichtigung der Klamm bieten sich Wanderungen bis nach Leutasch sowie ein Abstecher zum „Gletscherschliff" an. Dort sind an einer Kalkfelswand Urgesteine wie Schiefer und Gneis haften geblieben, die vom Gletschereis einst mitgenommen wurden.

Krün

An der alten Handelsstraße zwischen München und dem Inntal liegt im oberen Isartal das malerische Kirchdorf Krün. Auf Gemeindegebiet liegen die Dörfer Klais und Gerold, die Schlösser Elmau und Kranzbach sowie einige reizvolle Gewässer wie der Barmsee, der Geroldsee oder Wagenbrüchsee, der Grubsee und der Tennsee. isaraufwärts außerhalb von Krün staut ein Wehr einen künstlichen Stausee (Vogelschutzgebiet) an. Hier zweigt der Obernachkanal zum Walchensee ab, um diesen mit Isarwasser zu speisen.

Die Siedlung wurde als „geruen" im Jahre 1294 mit zwei zum Kloster Benediktbeuern gehörenden Schwaigen (Bauernhöfe mit Viehwirtschaft) erstmals urkundlich erwähnt. Der Überlieferung nach wurde

mals schon tot. Er hatte in Mittenwald die Kirche gebaut und das Krüner Gotteshaus ist dieser von der Bauweise her sehr ähnlich. Augenfällig ist der originell geschweifte und mit Fresken bemalte Giebel an der Straßenseite.
Im Kurpark mit Kurhaus und Pavillon werden Konzerte und Veranstaltungen angeboten. Hoch her geht es in der Fosanacht, die am unsinnigen Donnerstag – Glockenschlag zwölf Uhr – beginnt und in Gaststätten das „Faschingsgunkeln" auslöst.

damals in der Gegend auch Wein angebaut. Der Name leitet sich vom mittelhochdeutschen „gerüne" ab, was so viel bedeutet wie „Haufen umgehauener Baumstämme". 1491 benötigte Benediktbeuern wegen eines Klosterbrandes Geld für den Wiederaufbau und veräußerte Krün an das Hochstift Freising. Ab dann war die Siedlung Teil der Grafschaft Werdenfels.

Wahrzeichen des Ortes ist die Pfarrkirche St. Sebastian, ein Rokoko-Bau mit einem behäbig und zugleich mächtig aufragenden Zwiebelturm. Das Gotteshaus wurde 1760 errichtet. Baumeister war vermutlich ein Schüler von Josef Schmuzer. Der große Stuckateur der Wessobrunner Schule war da-

Wanderparadies. *Das Gemeindegebiet ist umgeben von Hängen und Bergen mit einem ausgebauten Wegenetz und präparierten Loipen, die je nach Jahreszeit zum Wandern und Radeln, zum Skilaufen und Rodeln einladen und bis zu den bekannten Skigebieten der Region ist es nicht weit. Richtung Süden erstrecken sich enzianreiche Buckelwiesen. Ein Kleinod darin ist die Kapelle Maria Rast mit ihrem eindrucksvollen Altarbild, die 1998 eingeweiht wurde und tagsüber geöffnet ist.*
Krün ist auch Ausgangspunkt für Spaziergänge zu den Seen und für Bergtouren, zum Beispiel auf die Schöttlkarspitze oder die Sojerngruppe, jene herrliche Bergwelt, die einst den „Kini" (König Ludwig II.) so faszinierte.

Isar

295 Kilometer legt die Isar von ihrem Ursprung im Karwendelgebirge in Tirol bis zur Einmündung in die Donau gegenüber Deggendorf in Niederbayern zurück. Die offiziell als Isar-Ursprung bezeichneten Quellen oder Bäche befinden sich im Hinterautal östlich der Ortschaft Scharnitz auf 1160 Meter Höhe. Der Lafatsch entspringt als längster Quellbach der Isar etwa fünf Kilometer südöstlich beim Hallerangerhaus. Nach 32 Kilometern durch eine einsame, wildromantische und weitgehend unveränderte Gebirgslandschaft verlässt der kristallklare Gebirgsbach nördlich von Scharnitz österreichischen Boden und fließt durch Mittenwald. Zwischen Mittenwald und Krün wird die Isar an einem Wehr erstmals gestaut. Von hier wird ein Großteil des Isarwassers über den Obernachkanal in den Walchensee zur Stromerzeugung abgeleitet. Im weiteren Verlauf wird die Isar wegen Hochwasserschutz, zur Wasserversorgung und zur Energieerzeugung im Sylvensteinsee aufgestaut. Der Flussname soll schon im 3. Jahrhundert als Iovisura bezeugt sein, sicher aber im 8. Jahrhundert als Isura, im 9. Jahrhundert als Isara, später Iser und 1628 als Isar. Der Name wird vom indogermanischen „es“ oder „is“ (sich heftig, schnell bewegen) hergeleitet.

Vermutlich wurde die Isar schon in vorgeschichtlicher Zeit als Handelsweg genutzt, um Waren aus dem Bereich der Alpen und aus Italien mit Hilfe von Flößen zur Donau zu transportieren. Eine schon bestehende Handelsstraße aus dem Inntal über den Seefelder Pass ins nördliche Alpenvorland wurde von den Römern ab 195 nach Christus zur Via Raetia ausgebaut. Die Isarstadt Mittenwald konnte sich so von einem römischen Posten zu einem wichtigen Umschlagsplatz für Handelswaren im Werdenfelser Land entwickeln. Insbesondere Bauholz und Kalk transportierten die Flößer Richtung München. Ab dem 17. Jahrhundert wurden auch Waren wie Südfrüchte, Gewürze, Baumwolle und Seide vom Venezianischen Markt in Mittenwald (Bozener Markt) über die Isar bis nach Wien und Budapest transportiert. Ab dem Mittelalter wurden auch zahlreiche Mühlen durch die Wasserkraft der Isar angetrieben.

Die Farbe des Isarwassers ist auf Werdenfelser Gebiet meist smaragdgrün, denn die im Wasser aufgelösten Mineralien (überwiegend Kalkgestein) filtern und spiegeln das Sonnenlicht. Da in vielen Bereichen die Flusslandschaft noch intakt ist, wurde eine vielfältige Flora und Fauna erhalten und im Wasser tummeln sich auch heute noch zahlreiche Fischarten. Im Ursprungsbereich bis Lenggries gilt die Isar aber als typische Forellenregion. Für Naturfreunde und Vogelkundler sind die Flussufer ein Dorado. Die obere Isar zwischen Mittenwald und Sylvenstein wird vom Bayerischen Landesamt für Umwelt (LfU) als „eine der naturschutzfachlich wertvollsten Flächen Bayerns" eingestuft: Über 200 Rote-Liste-Arten sind dort heimisch und zahlreiche vom Aussterben bedrohte Arten kommen angeblich nur noch hier vor.

Nach den großen Überschwemmungen 1999 und 2005 wurden insbesondere in der Region Krün/Wallgau umfassende Maßnahmen zum Hochwasserschutz durchgeführt. Dabei mussten Wege gefunden werden, die dem Ziel nicht entgegenstehen, die einmalige dynamische Wildfluss-Landschaft zu erhalten.

Die Obere Isar ist bei Kanu-, Schlauchboot- und Kajakfahrern hoch begehrt. Dafür wurden entlang des gesamten Flusslaufes Zugänge und Ausstiege geschaffen. Zwischen Mittenwald und vor Krün befindet sich der für eine Befahrung der Isar und den anderen Flüssen dieser Region günstig gelegene Campingplatz „Isarhorn".

Dort wo Isarkiesel flache Uferbereiche und Schotterbänke aufgeschüttet hat, sind an heißen Tagen auch Badegäste anzutreffen. Über weite Strecken wird der Fluss von Wegen gesäumt, die ausgiebige Wanderungen und Radwanderungen ermöglichen. Auf dem ausgeschilderten Isar-Radweg kann man von den Alpen bis zur Donau radeln.

Geroldsee. Der kleine Weiler liegt idyllisch zwischen Wald und Wiesen. Gleich nebenan schmiegt sich vor Buckelwiesenhängen der Geroldsee, auch Wagenbrüchsee genannt, in die Landschaft ein. Das Badeufer und die Liegewiese sind von Gerold und von Barmsee aus zu Fuß und mit dem Radl erreichbar.

Barmsee und Grubsee. Im Ortsteil Barmsee am gleichnamigen See mit Bademöglichkeit steht das älteste Haus der Gemeinde, das etwa um 1620 erbaute Finkhaus. Das Haus am Platze ist das Ferienhotel Barmsee mit Sonnenterrasse und schattigem Biergarten, von wo aus man einen herrlichen Blick auf die beeindruckenden Bergpanoramen von Karwendel, Wetterstein und auf die Alpspitze hat. Unweit davon liegt der Grubsee, ein Badeparadies mit Super-Wasserrutsche, Ruder- und Tretbootverleih.

Tennsee. Auch wenn von See kaum noch die Rede sein kann, sondern eher von einem weitläufigen Biotop, ist der Tennsee vor allem Campern ein Begriff. Der Alpencaravanpark und Campingplatz Tennsee ist einer der schönsten am Alpenrand und wirbt mit Fünfsternekomfort.

Tennsee

Klais

Klais ist der älteste Ort mit urkundlicher Erwähnung (763) im Werdenfelser Land und liegt am Eingang zum Elmauer Hochtal mit Schloss Kranzbach und Schloss Elmau. Aus einer Stiftungsurkunde geht hervor, dass hier einmal ein Benediktinerkloster stand. Überlieferungen zufolge fiel das Kloster schon nach zwei Jahrzehnten Flammen zum Opfer und Klais, das 1255 als Schwaige „Chlos“ Erwähnung findet, verfiel zu einer Einöde. 1972 kamen bei Ausgrabungen Reste davon zu Tage. Zusätzlich legte man Teile einer Römerstraße (Via Raetia von Bozen nach Augsburg) frei, deren beeindruckende Radspuren noch heute im „Römerweg“ am östlichen Ortsrand zu sehen sind. Von Clausa (röm. Straßensperre) könnte Klais seinen Namen haben. Möglicherweise kommt Klais auch von der Klosterbezeichnung (Clausura). 1912 erwachte Klais durch den Bau der neuen Bahnlinie Garmisch-Mittenwald-Innsbruck zu neuem Leben. Der Bahnhof von Klais ist mit rund 950 Metern die höchstgelegene IC-Station Deutschlands. Stündlich hält die Regionalbahn München – Mittenwald.

Wahrzeichen von Klais ist die über 400 Jahre alte, schmucke Kapelle, die mittlerweile Postkartenberühmtheit erlangte.

Die Entstehung der eigenwilligen Buckelstruktur ist nicht eindeutig geklärt. Vorherrschende Ansicht ist, dass der am Ende der Würm-Eiszeit vordringende Isargletscher den Schotter der Moränen einst zu lang gezogenen Bodenwellen zusammenschob. Später modellierten dann Frost- und Verkarstungsprozesse durch den häufigen Wechsel von Auftauen und Gefrieren sowie das netzartig zwischen den Erhebungen fließende Schmelzwasser die vormals bewaldeten Buckel.

Wegen ihres ausnehmend hohen Arten- und Blütenreichtums, den die äußerst schwachwüchsigen Wiesen einer extremen Nährstoffarmut verdanken, besitzen die Buckelwiesen in ökologischer Hinsicht einen herausragenden Wert. Auf dem Magerrasen mit sauren Böden wachsen nicht nur seltene Pflanzen wie der stängellose Enzian, das rote Kohlröschen, das Habichtskraut, die Mehlprimel oder der Berg-Hahnenfuß, auch bedrohte Tierarten haben hier ein Rückzugsgebiet gefunden.

Aber auch aus touristischer Sicht haben die welligen Wiesen inzwischen große Bedeutung. Eingebettet in die insgesamt naturnah bewirtschaftete Landschaft und teilweise von Heim-

Buckelwiesen

Südlich Krün bis hinüber nach Klais und hinab bis Mittenwald prägen Wiesen die Landschaft, die aussehen, als wären riesige Maulwurfshügel mit einem Grasteppich überzogen. Wegen ihrer besonderen geologischen Formation sind sie eine einzigartige, naturkundliche Kostbarkeit und werden Buckelwiesen genannt. Sie bilden eine der letzten großflächigen, traditionell genutzten Mähderlandschaften des Nordalpenraumes und stehen unter Naturschutz.

weidewäldern flankiert, bereichern sie die Erholungsfunktion der Landschaft. Die Region hat dies erkannt und legt sehr viel Wert auf die Pflege der Buckelwiesen-Landschaft. Die anliegenden Gemeinden sind auch bestrebt, mittelfristig weitere bewaldete Buckelflächen freizulegen.
Zahlreiche ortsansässige Kleinstflächenbesitzer und -pächter aber auch ehrenamtlich agierende Naturfreunde bewirtschaften die Buckelwiesen traditionell und naturnah mit der Sense und pflegen die Fluren gemäß von Fachleuten erarbeiteter Landschaftspflegeprogramme. In jüngster Zeit werden auch wieder vermehrt Schafe zum Abweiden über die Buckelweisen getrieben. Ziel ist es, ein Verbuschen, also das Zuwachsen der Flächen durch Stauden, Sträucher und Gehölze zu verhindern, damit die lichtbedürftigen, standorttypischen Pflanzenarten nicht verdrängt werden.
Dies war aber nicht immer so. In der Vergangenheit wurden Buckelwiesen häufig eingeebnet, um sie mit Maschinen leichter bewirtschaften zu können. Noch vor dem Zweiten Weltkrieg soll auf Anordnung der Nationalsozialisten der Reichsarbeitsdienst beim Barmsee und beim Tennsee Lager eingerichtet haben, deren Insassen den Auftrag hatten, die Buckelwiesen in flache Fluren umzuwandeln. Es soll auch Pläne gegeben haben, auf den eingeebneten Flächen eine Großsiedlung zu errichten. Die Gemeinden sind heute froh, dass es dazu nicht gekommen ist.

„Maria Rast auf den Buckelwiesen“. Über die Hochstraße Richtung Mittenwald kommt der Wanderer nach ca. 45 Minuten zu einem der schönsten Fleckchen Erde in der Alpenwelt Karwendel. Inmitten der im Sommer mit Enzian übersäten Buckelwiesen, lädt eine kleine, noch sehr junge Kapelle zum besinnlichen Ausrasten ein. Sie ist der rastenden Muttergottes gewidmet und trägt daher den Namen „Maria Rast“. Am 11. Oktober 1998 wurde sie feierlich eingeweiht. Die Rundkuppel im Chorraum zieht den Himmel über das Altarbildnis, das die rastende Muttergottes auf der Herbergssuche darstellt. Über der gesamten Darstellung wacht das Auge Gottes mit dem Heiligen Geist als Überbringer der göttlichen Kraft. Putten mit ihren verschiedenen Hautfarben versinnbildlichen die Gleichheit aller Menschenrassen.

Buckelwiesen, Krün/Klais

Schloss Kranzbach

Mit seinen Zinnen, Erkern, Giebeln und Fensterläden erinnert das im Arts-and-Craft-Stil erbaute Schloss an einen schottischen Adelssitz. Erbaut hat es die englische Geigerin Mary Portmann aus London, nachdem sie 1913 die Kranzbachwiese erworben hatte. „Entspannen wie ein englischer Aristokrat“ kann man angeblich hier. Kranzberg setzt auf ein völliges Abschalten bei den Gästen für ein Maximum an Regeneration. Dazu gehören Rückzug, Ruhe und Natur aber auch klassische Anwendungen wie Bäder und Massagen, Yoga und Meditation bei lässigem Komfort. Der Leitgedanke im puristischen „Nature Spa“ lautet daher „back to the roots“. Schloss Kranzbach liegt am Fahrweg zum Schloss Elmau und ist in das Wanderwegenetz der Naturregion eingebunden.

Schloss Elmau

Wie Phönix aus der Asche ist zwei Jahre nach einem Großbrand das legendäre Schloss Elmau im Jahre 2008 wieder eröffnet worden. Züngelnde Flammen hatten aus dem „Sanatorium der Sinne“ eine Ruine gemacht. Heute befindet sich im Schloss Elmau ein „Cultural Hideaway and Luxury Spa“, höchste Verwöhnklasse also, mit einem „Fünf Sterne Superior". Das Schloss wurde 1916 vom Philosophen Johannes Müller mit dem Geld seiner Verehrerin Elsa Gräfin Waldersee gebaut und war lange Zeit eine Mischung aus Märchenschloss, Kloster und Jugendherberge. Um 1400 wird Elmau schon als Schwaige „in der unteren Scharnitz" erwähnt. Nach dem zweiten Weltkrieg suchten dort viele Berühmtheiten wie Bejamin Britten Entspannung. Loriot soll in Zimmer 118 den Sketch Müller-Lüdenscheid und Ödipussi erfunden haben. Zum Schloss gehört auch das Alpengut Elmau mit historischer Herberge und Poststation (König Ludwigs Einkehr). Auf Schloss Elmau finden regelmäßig Musikfestivals statt.

Wallgau

Wallgau nennt sich „Perle des Isartals" und ist die nördlichste Werdenfelser Gemeinde an der oberen Isar. Zu Wallgau gehört der westliche Teil des Ortsteils Obernach mit den Gehöften Öttl und Wolf südlich Einsiedl am Walchensee an der Ostgrenze des Landkreises. Im Südosten fließt die Isar vorbei, deren Flussbett nahezu ausgetrocknet ist, seit ihr Wasser zum großen Teil für das Walchenseekraftwerk abgezweigt wird. Dieser Überleitungskanal fließt vom Krüner Isarstausee kommend nahe des Wallgauer Ortszentrums in einem Tunnel zum nördlich gelegenen Sachensee.

Erstmals im Jahr 763 taucht „walhogoi" in der Gründungsurkunde des Klosters Scharnitz (scarantia) als Flurname auf. Die Bezeichnung drückt aus, dass die Walchen (Welschen) – also römische Siedler und ausgediente Legionäre, die nach dem Zusammenbruch des römischen Reiches nicht heimkehren wollten – hier vor den nach Süden drängenden Bajuwarenstämmen Zuflucht fanden. Hier bewahrten sie ihre Art und Sprache über Jahrhunderte.

Auf den Spuren von Gold-Lena. *Die mehrfache Olympiasiegerin, Weltmeisterin und Gesamtweltcupsiegerin im Biathlon ist Ehrenbürgerin von Wallgau. Ihr wurde eine neue Loipe gewidmet. „Auf den Spuren von Gold-Lena" können Skilangläufer angeblich genau dort ihrem Sport nachgehen, wo Magdalena Neuner ihre ersten Spuren im Schnee zog und immer wieder trainiert.*

An dem Wohlstand, den die Grafschaft Werdenfels durch den Handel mit Italien und durch die Förderungen von Silber- und Erzvorkommen im Mittelalter erlebte, konnte Wallgau kaum teilhaben. Stattdessen lebten die Menschen von Landwirtschaft und von der Holzverarbeitung. Als im 12. Jahrhundert die Isarflößerei begann, verdienten auch Wallgauer damit ihren Lebensunterhalt. 1922 fuhr das letzte Floß von Wallgau aus die Isar hinab.

Im September 1786 fuhr Johann Wolfgang von Goethe auf seiner Reise nach Italien mit der Postkutsche durch Wallgau und rastete im heutigen Hotel zur Post. 30 Jahre danach war der Schriftsteller Heinrich Heine zu Gast. Anfang des 20. Jahrhunderts kamen die ersten Sommerfrischler ins Dorf. Das Haus des Gastes in Wallgau bietet ganzjährig ein kulturelles Programm. Bei einem Rundgang durch Wallgau kann sich der Gast an zahlreichen Lüftl-Malereien erfreuen. Sportlichen Aktivitäten sind in Wallgau keine Grenzen gesetzt. Das Sommerangebot reicht von Wandern, Bergsteigen, Mountain-Biken, Radeln, bis hin zu Nordic-Walking und Nordic-Blading und für Golfer gibt es in zauberhafter Umgebung eine Neun-Loch-Anlage.

Von Wallgau aus ist es nicht weit hinüber zum Walchensee oder zum Wildsee im Estergebirge zwischen der „Hohen Kiste" und zum „Simetsberg" auf 1400 Meter, der einer Sage nach entstanden ist, weil ein Hirte sein einer Fee gegebenes Versprechen nicht halten wollte, kein Wild mehr zu erlegen.

Malerisch verschneit präsentiert sich Wallgau im Winter.

Für Skilangläufer und Skater werden rund 150 Kilometer Loipen gespurt. Eine Attraktion ist immer wieder das Internationale Schlittenhunderennen, das zuweilen bis zu 5000 Besucher anlockt.
Fesche Madeln aus Wallgau kommen immer wieder Mal zu hohem Ansehen. 2006 zum Beispiel war Monika Schleich Dirndlkönigin und Annabell Neubauer war in den Jahren 2006 und 2007 Waldkönigin Bayerns.

St. Jakobus. Die uralte Straße über den Kesselberg nach München war früher ein Pilgerweg, woraus sich auch das Patrozinium der Kirche St. Jakobus der Ältere in der Ortsmitte unweit des Dorfplatzes und die Pilgermuschel im Ortswappen erklären. Der Bau der ersten Kirche ist auf das Jahr 1295 datiert. An gleicher Stelle wurde Ende des 15. Jahrhunderts eine neue Saalkirche mit steingewölbtem Choranbau im gotischen Stil errichtet. Der Chor mit Netzrippengewölbe blieb trotz verschiedener Um- und Anbauten mit dem Maßwerk des Chorscheitelfensters und dem Sanktuarium bis in die Gegenwart erhalten. Der 1735 gemalte Kreuzweg im Kirchenraum ist eine künstlerische Besonderheit.

Wie in allen Werdenfelser Orten werden in Wallgau kirchliche Festtage besonders würdevoll begangen
Die Erntedank- und die Fronleichnamsprozession, bei der die Wallgauer in ihrer Festtagstracht an vier geschmückten Altären im Ort beten, sind besonders feierlich. Ausnehmend imposant ist auch das Johannifeuer, bei dem am Vorabend des Johanni-Tages Bergfeuer am Barmereck, auf dem Krepelschoffen und auf den Gipfeln des Soierngebirges die Nacht erhellen.
Weltliche Herbstfeste, wie das der Gebirgsschützenkompanie Wallgau, und Weinfeste mit alpenländischer Volksmusik auf dem Dorfplatz werden von der Bevölkerung und den Urlaubsgästen ebenso angenommen wie die Wallgauer Schmankerlwochen.

Ammergauer Alpen

Die Ammergauer Alpen sind relativ wenig erschlossen. Über ein großes Wanderwegenetz erreicht man aber viele markante Höhenrücken und Gipfel. Mit einer Fläche von 288 Quadratkilometer ist das Ammergebirge das größte Naturschutzgebiet Deutschlands. 75 Prozent sind deutsch, der Rest tirolisch. Die wald- und wildreiche Bergregion ist Teil der Nördlichen Kalkalpen, die sich hier geologisch unterschiedlich zusammensetzen. Der im Ostallgäu liegende westliche Hauptzug besteht aus Wettersteinkalk, der östliche mit Weital- und Klammspitze und der südliche mit Kramer- und Kreuzspitze aus Hauptdolomit. Nahe am Alpenrand kommt Flysch (Wechselfolge von oft kalkhaltigen Sand- und Tonsteinen) vor. Wegen dessen Erosionsanfälligkeit haben sich dort runde, häufig bis oben bewaldete Kuppen abgeschliffen, die manche Hügelketten wie ein Mittelgebirge aussehen lassen. An anderen Stellen ragen steile Kalkzähne heraus, die für weite Täler eine Kulisse bilden. Über Jahrhunderte waren die östlichen Ammergauer Alpen Ettaler Klosterbesitz. Nach der Säkularisation wurde das Gebiet Hofjagdbezirk des bayerischen Königshauses. Insbesondere König Max II. ließ in der bezaubernden Landschaft Jagdhütten und Aussichtsplattformen errichten. Im Sommer 1865 begab sich der leidenschaftliche Jäger erstmals zu Pferd auf das „allerliebst gebaute Jagdhaus" am Pürschling und kam dann regelmäßig, um bei den wildreichen Brunnenköpfen den Gämsen nachzustellen. Dort hatte der Monarch 1856 schon einen Stützpunkt eingerichtet. Die Brunnenkopfhütte steht unter Denkmalschutz. Sein Sohn Ludwig II. besuchte ihn dort und verfiel ebenso wie sein Vater der Schönheit der Natur. Weltbekannt sind die Schlösser Neuschwanstein und Linderhof, die der Märchenkönig in die Bergwelt komponierte. Auf dem König-Ludwig-Wanderweg ist man dem „Kini" auf der Spur. Der höchste Gipfel ist der Daniel mit 2340 Meter. Begrenzt werden die Ammergauer Alpen im Westen von den Allgäuer Alpen, im Südwesten von den Lechtaler Alpen, im Süden von Wettersteingebirge und Mieminger Kette und im Osten von den Bayerischen Voralpen.

Blick vom Laber in das Ammertal

Ammergebirge. Da das Gebirge nicht allzu hoch ist, sind die Gipfel von den Talorten aus in Tagestouren zu meistern. Dies und der Naturschutz haben bewirkt, dass es nur wenige Alpenvereinshütten und begrenzt auf den nördlichen Randbereich nur zwei Seilbahnen (Tegelberg, Laber) und einige Sessellifte (Buchenberg, Vorderes Hörnle, Kolbensattel) gibt. Im bayerischen Teil der Ammergauer Alpen gibt es drei Alpenvereinshütten: Das August-Schuster-Haus auf dem Pürschling, die Brunnenkopfhäuser und die Hörnlehütte. Der Kramer ist einer der Garmischer Hausberge, an dessen Fuß über dem Loisachtal erholsame Terrassenwege atemberaubende Ausblicke bieten. Von hier kommt man zum „Schmölzersee (Schönbichlsee), zum Pflegersee mit dem Königsstand, zu dem König Max II. einst einen Reitweg für die geliebte Gamsjagd anlegen ließ, und über einen Plateauvorsprung zur Ruine Werdenfels. Durch den Talkessel von Ettal und Oberammergau abgetrennt, liegt an der Nordostecke der Höhenzug von Hörnle und Ettaler Mandl, der weite Blicke über das Murnauer Moos und zu den Hochalpen gewährt. Durch die Ammergauer Alpen verläuft der Fernwanderweg Via Alpina und von Steingaden im Pfaffenwinkel kommend führt der Meditationsweg Ammergauer Alpen bis zum Schloss Linderhof.

Direkt am Hörnle gibt es eine Gleitschirm-Schule. Vom Kofel bei Oberammergau bis zur Grauen Wand und zum Ettaler Mandl können sich Kletterer fordern.

__Schatzlochsage.__ Vor vielen hundert Jahren soll jedes Frühjahr aus Venedig ein Männlein zum Goldgraben gekommen sein. Seinen Esel stellte er bei einem Bauern in der Mühlgasse ein. Im Herbst zog das Männlein wieder ab. Einmal wollte es den Logierwirt mit in die Berge nehmen, wo das Gold zu finden war. Dem Wirt aber graute vor dem Männlein und er widerstand der Versuchung. Ab dann, so die Sage, kam das Männlein nicht mehr und so ruht das Gold in Ewigkeit an der Stelle, die heute noch Schatzloch heißt.

Gemeinden der Region:

- *Bad Kohlgrub*
- *Bad Bayersoien*
- *Unterammergau*
- *Ettal*
- *Saulgrub-Altenau*

Auskunft:

Ammergauer Alpen GmbH
Eugen-Papst-Str. 9a
D-82487 Oberammergau
Telefon (0 88 22) 922 740
Fax (0 88 22) 922 745
info@ammergauer-alpen.de

Beliebte Gipfelziele sind die Notkarspitze, der Teufelstättkopf und der Brünstelkopf. Die Vielzahl von Wegen und Straßen lässt einfache bis anstrengende Rad- und Mountainbike-Touren bis in höhere Lagen zu. Am Kolben gibt es einen Bikepark und vom Pürschling führt eine Sommerrodelbahn hinunter nach Unterammergau.

Die Ammergauer Alpen sind weithin schneesicher und bieten Gelegenheiten für jeden noch so ausgefallenen Wintersport, wie zum Beispiel Eisklettern an der Notkarspitze. In den Tälern werden im Winter weitverzweigte Loipen gespurt. Alpinskifahren ist auf dem Kolben und dem Laber bei Oberammergau, auf dem Hörnle bei Bad Kohlgrub und auf dem Steckenberg bei Unterammergau möglich. In jüngster Zeit haben auch Skitourengeher das Reich des Märchenkönigs entdeckt. In Bad Kohlgrub gibt es vom Hörnle eine 4,5 Kilometer lange Rodelbahn. Ski- und Schneeschuhwanderer finden abseits der Talstraßen unberührte Regionen.

Der Laber bei Oberammergau ist mit 1686 Meter der höchste Gipfel der Laber-Hörnle-Gruppe. Auf den Berg fährt die weltweit letzte noch verkehrende Großkabinen-Zweiseil-Umlaufbahn. Die Laber-Bergbahn wurde 1955 sehr aufwändig und mit großem Einsatz von Arbeitskräften gebaut, um den Tourismus anzukurbeln. Im Visier der Planer war damals auch der Zahn, doch der Laber machte das Rennen. Technisch einmalig ist das Umlaufsystem mit vier fest montierten Gondeln, die im Abstand von rund eintausend Metern im Kreis fahren. Zum Be- und Entladen befindet sich je ein Fahrzeug in der Berg- und Talstation, während die Fahrgäste in den stehenden Fahrzeugen in der Fahrbahnmitte über dem Gelände hängend auf die Weiterfahrt warten müssen. Der Laber ist ein grandioser Aussichtsbalkon, von dem aus selbst München ins Blickfeld rücken kann. Im Winter gehört der Berghang zu den anspruchsvollsten Skigebieten Bayerns, was besonders Freerider zu schätzen wissen.

Oberammergau

Von der Wintersportmetropole Garmisch-Partenkirchen abgesehen, ist Oberammergau das bekannteste Dorf im Werdenfelser Land. Vor allem die Passionsspiele, die alle zehn Jahre stattfinden, haben dem Luftkur- und Wintersportort zu Weltruhm verholfen.

Das Dorf mit dem Ortsteil St. Gregor im Norden schmiegt sich zwischen Ausläufern des Ammergebirges in eine Weitung des Ammertales. Die zahlreichen mit Lüftl-Malerei verzierten Fassaden, die Holzschnitzkunst und das vielseitige Angebot für Sport, Freizeit und Erholung zu jeder Jahreszeit sind Markenzeichen der Gemeinde.

Die Ortsbezeichnung geht auf das mittelhochdeutsche „Gou" für Gau und auf den keltischen Flussnamen „Ambra" (ruhig dahinfließend) zurück. Um 1150 taucht in Urkunden der „Ambergow" auf, Unterscheidungen von Ober- und Unterammergau (Amper abwärts) sind ab dem 13. Jahrhundert belegt.

Die Anwesenheit der Kelten konnten Forscher in jüngster Zeit mit einer Kultstätte aus der Zeit um Christi Geburt belegen, die auf dem Döttenbichl entdeckt wurde. Nachgewiesen ist die Herrschaft der Wel-

Der Kofel ist das Wahrzeichen von Oberammergau

Pfarrkirche St. Peter und Paul. *Die barocke Pfarrkirche, Oberammergaus Dorfmittelpunkt, wurde 1736 errichtet, nachdem das alte Gotteshaus baufällig geworden war. Josef Schmuzer aus Wessobrunn leitete den Neubau des Rokokojuwels, sein Sohn Franz Xaver war der Stuckateur. Die Decken und Wandfresken stammen von Matthäus Günther. Franz Seraph Zwinck hat die Fresken an den Emporenbrüstungen und an der Emporendecke geschaffen. Im Zentrum des rechten Seitenaltars steht das Kreuz, vor dem im Jahre 1633 angeblich das Passionsgelübde abgelegt wurde.*

fen im gesamten Ammergau. Nach einem Herrschaftsintermezzo der Staufer gingen die Besitzungen im Ammergau 1269 an die Wittelsbacher. Im Jahre 1330 gründete Kaiser Ludwig der Bayer das Kloster Ettal. Angeblich war der Kaiser vom Ammergauer Jäger Heinrich Vendt über den Kienberg ins Ammertal geführt worden. Bis zur Säkularisation war Oberammergau Hofmark des Klosters Ettal und Sitz eines Oberen und Unteren Gerichts. Nachdem Ludwig der Bayer 1332 dem Dorf das Niederlegerecht zuerkannt hatte, kam Wohlstand auf, der sich mit dem Handelsverkehr von Venedig nach Augsburg über die Rottstraße im 14./15. Jahrhundert deutlich mehrte. Rottfuhrmänner aus Oberammergau waren zuständig für den Transport auf der Strecke zwischen Partenkirchen und Schongau. Ende des 16. Jahrhunderts, als der Handelsverkehr abnahm, wurde die Schnitzkunst in Oberammergau zur Erwerbsquelle. Über Jahrhunderte packten die Schnitzer ihre Erzeugnisse auf Kraxen und trugen sie in die Nachbarländer. Der Kraxenträger und der Schnürlkasperl (Fadengaukler) sind Oberammergauer Erkennungszeichen. Noch heute kann man an der Oberammergauer Schnitzschule die Kunst erlernen.

Im Pestjahr 1633 gelobten die Einwohner von Oberammergau, regelmäßig das Leiden und Sterben des Herrn nachzuspielen. Es war der Beginn der heute weltberühmten Passionsspiele.

Im Zweiten Weltkrieg mussten Zwangsarbeiter in der ehemaligen Gebirgsjägerkaserne Hötzendorf eine unterirdische Fabrik mit künstlichen Stollen im Berg Laber bauen. Dort wurde eine Erprobungs- und Fertigungsanlage für Messerschmitt-Kampfflugzeuge unter dem Namen Oberbayerische Forschungsanstalt betrieben.

Das Ortsbild von Oberammergau ist geprägt von bemalten Häuserfassaden. Der berühmteste Lüftlmaler, Franz Seraph Zwinck, war Oberammergauer. Eines seiner Meisterwerke sind die „Theaterfresken“ am Pilatushaus, das heute ein Zentrum des Kunsthandwerks mit lebender Werkstatt ist. Gut erhalten sind auch die Lüftlmalereien an der Fassade vom Hänsel und Gretel Heim, am Forsthaus, am Musldomerhaus und am Verlegerhaus „Lang selig Erben“, dem Geburtshaus des bayerischen Schriftstellers Ludwig Thoma.

Krippenweg. Bewundernswert ist jedes Jahr wieder der Oberammergauer Krippenweg, auf dem der St. Lukas Verein stilvolle Weihnachtskrippen sowie Szenen zum Weihnachtsgeschehen in handwerklicher Tradition zeigt. An über 30 Stationen mit unterschiedlichen Krippen lässt sich die Vielfalt des Schaffens und Sammelns in Oberammergau erkennen.

Passionstheater. Im offenen, die Landschaft einbeziehenden Bühnenhaus finden die Passionsspiele statt. Die Darsteller sind ausschließlich Laienspieler, die entweder in Oberammergau geboren sind oder mindestens 20 Jahre dort wohnen. Für die über 100 Aufführungen einer Spielzeit werden über 2000 Darsteller – von der Hauptrolle des Christus bis zum kleinen Komparsen – benötigt.

Museum. Einen Besuch lohnt das Heimatmuseum, in der die Entwicklung der Schnitzkunst über die Jahrhunderte, von der Gotik bis zur Moderne, dargestellt wird. Bewundernswert ist die Krippensammlung mit der Krippe aus der Oberammergauer Pfarrkirche mit ca. 120 Figuren aus dem 18. Jahrhundert als Glanzpunkt. Im Museum wird auch Deutschlands größte Sammlung von Hinterglasbildern gezeigt.

Reptilienhaus. Die Artenvielfalt in den Naturräumen um Oberammergau ist sicher vielfältig. Eine exotische Ergänzung dazu bietet das Reptilienhaus. In der Ausstellung sind Phytons, Leguane, Schildkröten, Pfeilgiftfrösche und Vogelspinnen zu sehen, ebenso Kobras und Skorpione.

König Ludwig II. In Oberammergau ist der „Kini“ in guter Erinnerung. Nachdem der Märchenkönig im Jahre 1871 eine nur für ihn angesetzte Sonderaufführung der Passionsspiele besucht hatte, stiftete er eine monumentale, marmorne Kreuzigungsgruppe. Sie wurde am 15. Oktober 1875, am 50. Geburtstag seiner Mutter Marie, auf dem Osterbichl feierlich eingeweiht. Es war damals das größte gemeißelte Steinmonument der Welt.
Jedes Jahr findet der König-Ludwig-Langlauf (Luggi-Lauf) statt, bei welchem mehrere tausend Skilangläufer an den Start gehen. Zum Geburtstag des Königs wird traditionsgemäß am Kofelfleck das König-Ludwig-Feuer angezündet.

Der Laber

Sage vom Ettaler Mandl. *Das ist kein Mann aus Fleisch und Bein, das ist ein Riese aus Felsgestein. Ihn ficht kein Sturm, kein Wetter an; nicht Sonnenglut noch Winterfrost kann ihm etwas anhaben. Keinen treueren Wächter kann es geben als ihn. Tag und Nacht steht er auf seinem Posten und äugt ins Land und lauscht ins Tal und wacht über die guten Sitten der Bayern. Wenn die Leute da drunten einmal anfingen, gottlos zu werden und hart und geizig gegen die Armen und unfreundlich gegen Fremde und neidisch dem Bruder, dann stiege das Ettaler Manndl herab von seinem hohen Stand und schlüge mit seinen steinernen Armen wild um sich und triebe die Boshaften und Ungerechten und Weichlichen von den Wegen des Lasters weg und lehrte sie wieder Vätersitten ehren und Bayerntugenden pflegen. (Nach Paul Lang)*

Der Laber (1684 Meter) mit der nostalgischen Gondel - Bergbahn aus dem Jahre 1957 ist der Hausberg der Einheimischen. Er ist ein Aussichtsberg und Ausgangspunkt für Wandertouren mit beeindruckenden Naturerlebnissen. Ein besonderer Anreiz ist der Aufstieg zum Ettaler Manndl mit anschließendem Abstieg über den Soila See. Der Laber ist Startplatz für Gleitschirmflieger und im Winter gehören seine Hänge zu den anspruchvollsten Skigebieten Bayerns. Jenseits der Ammer grüßt der Kofel, gleich daneben der Kolben. Beide Berge sind im Sommer beliebte Wanderreviere und im Winter Familienskigebiet mit dem Kolbenalmlift und Sesselbahnen zum Kolbensattel. Zwischen dem Hörnle und dem Ettaler Mandl bietet der große Aufacker einen grandiosen Ausblick. Reizvoll ist auch eine Wanderung auf die Romanshöhe.

Nach den Anstrengungen in den Bergen bietet das Erlebnisbad „WellenBerg" in Oberammergau mit Alpenstrand, Rutsche, Naturwasserbecken, Heißwasser- und Erlebnisbecken Erfrischung und Ausgleich.

Bad Kohlgrub

Bad Kohlgrub, das idyllische Terrassendorf am Fuße des Hörnle, ist das höchst gelegene Moorbad Deutschlands. Zur Gemeinde am Rande der Ammergauer Alpen und des Pfaffenwinkels gehören die Weiler und Höfe Gagers, Großenast, Grub, Guggenberg, Hinterkehr, Jägerhaus, Kraggenau, Linden, Obernau, Rochusfeld, Schönau, Sonnen, Sprittelsberg, Steigrain, Vorderkehr, Wäldle und Windegg. Kohlgrub wird 1280 im Salbuch (Grundbuch) Herzog Ludwigs des Strengen als „Cholgrueb" erstmals genannt. Im Mittelhochdeutschen bedeuten Kol und Gruobe (Grube des Köhlers).

Die Region war Siedlungebiet von Kelten und Römern. Ab 1074 standen die Höfe unter der Lehenshoheit der Welfen, später der Klöster Rottenbuch und Ettal. Im Mittelalter lebten die Menschen von der Land- und Forstwirtschaft sowie von der Köhlerei. Von 1731 – 1880 wurde die Glashütte in Aschau mit Brennmaterial aus dem Hörnlewald beliefert. Ab 1775 brachte die Salzstraße von Murnau über Kohlgrub nach Bayersoien Verdienstmöglichkeiten. Im Ortsteil Gagers wurde 1835 eine Schleiferei für Fernrohrgläser gegründet, in der viele Kohlgruber bis zur Schließung 1859 als Glasschmelzer, Glasbläser oder als „Fuirer" (Heizer) arbeiteten. Produkte dieser Werkstätten gingen in die ganze Welt.

Bad Kohlgrub hat das gesamte Werdenfelser Land vor der Haustür. Wandern, Bergsteigen und Radeln, Skisport, Rodeln, Gleitschirm- und Ballonfliegen, kaum eine Freizeitbeschäftigung, die nicht möglich wäre. Abgeschiedenheit findet man am Rantscher Weiher bei Sprittelsberg, der im Nebelschleier manchmal unheimlich wirkt. Traditionen, wie zum Beispiel der Bittgang an Erntedank zur Wieskirche im Pfaffenwinkel, werden in Bad Kohlgrub gepflegt, und wenn die Trachtler zum historischen Tanz einladen, dann tragen die Männer den Stopselhut und die Frauen die Fischotterhaube. Im Kurgarten spielt die Blaskapelle und im Kurhaus bieten Bauerntheatergruppen ländlichen Schwank. An Wald- und Köhlertagen lebt das Handwerk des Kohlebrennens wieder auf.

Als 1870 „Stahlquellen“ (hoher Gehalt von Eisenkarbonat) und die heilende Wirkung des Bergkiefern-Hochmoores entdeckt wurden, entwickelte sich die bis heute anhaltende Kurtradition. Simon Spengel (1802-1871) ist der Gründer des Kurbades Kohlgrub. Er erwarb 1859 die aufgelassene Glasfabrik und eröffnete ein Heilbad. 1878 bekam der Ortsteil Gagers vom Königreich Bayern den Titel „Bad“ verliehen, der schließlich 1948 vom Freistaat auf ganz Kohlgrub übertragen wurde.
1900 wurde die vom Kohlgruber Hotelier Baumgartner zur Förderung des Kurortes angeregte Bahnlinie Murnau-Oberammergau eingeweiht.

Hochmoor Rochusfeld. Das Hochmoor ist ein Überbleibsel des Ammerseegletschers. Das Moor hat heilende und lindernde Wirkung bei Rheuma, Gelenkerkrankungen, Wirbelsäulen- und Nervenschäden, Männer- und Frauenkrankheiten sowie Osteoporose.

Pfarrkirche St. Martin. Um das Jahr 1342 wurde auf Veranlassung des Klosters Rottenbuch auf den Grundmauern eines romanischen Gotteshauses die Kirche neu gebaut. Der Hauptteil des Turmes mit Schalldoppelfenstern und die Mittelstütze stammen aus dieser Zeit. Die jetzige Bauform der Kirche geht in die Zeit um 1725 zurück. Damals wurde das Gotteshaus mit Stuckarbeiten der Wessobrunner Schule im Barockstil ausgeschmückt. Das Altarbild (1729) mit der Darstellung des Heiligen Martin von Tours stammt vom Barockmaler Martin Speer aus Wildsteig. Der Hochaltar, der Schalldeckel der Kanzel, der Oberaufsatz des Taufbeckens und vermutlich auch die Orgelempore wurden um 1780 vom Kohlgruber Kistlermeister Peter Sam angefertigt. Die Samstraße erinnert an den Mooskistler (Hausname).

Neben St. Martin gibt es in Kohlgrub die evangelische Pauluskirche und im Kurpark seit 1992 eine Kriegergedächtniskapelle. Die von Hans-Joachim Seitfudem geschnitzte „Madonna von Stalingrad“, hat der damalige bayerische Ministerpräsident Max Streibl dem örtlichen Veteranenverein gestiftet.
Nördlich des Ortes auf einer Anhöhe steht die Rochuskapelle. Die dem Pestheiligen geweihte Votivkirche wurde 1633/1634 auf dem damaligen Pestfriedhof von den Angehörigen der zwei Familien gebaut, die als einzige vom schwarzen Tod verschont geblieben waren. Der zarte Gitter-, Bandwerk- und Blütengirlandenstuck im Tonnengewölbe ist das Werk von Josef Schmuzer. Die Deckenfresken erzählen die Rochuslegende.
Ansonsten findet sich in fast jedem Ortsteil ein Kirchlein oder eine Kapelle mit sehenswerter Ausstattung

Ein Spaziergang durch Kohlgrub führt zu prachtvollen Häusern und Sehenswürdigkeiten. Das Jochamler Haus zum Beispiel, 1573 erbaut mit einem großen Kellergewölbe, und das Bader Haus, 1635 in Holzbauweise errichtet und bis auf den neuen Dachstuhl erhalten, stehen unter Denkmalschutz Das Gasthaus „Zum Schwarzen Adler“ ist das älteste Wirtshaus des Dorfes, 1558 wird schon ein Wirt in Urkunden erwähnt. Das Haus vom Fuchsbauer wurde 1755 in Blockbauweise errichtet. Die Frontseite ziert ein „Vexierbild“ (Latten- oder Lamellenbild), bei dem man je nach Standort drei verschiedene Madonnendarstellungen sieht: Von rechts das Ettaler Gnadenbild, von links die Madonna vom Hohen Peißenberg und von vorne die unbefleckt empfangene (Immaculata) nach einem Bild von Tiepolo.

__Hörnle.__ Der Hausberg der Kohlgruber ist das Hörnle, dessen drei Gipfel herrliche Ausblicke bis zum Starnberger und Ammersee ermöglichen. Bei einigen der 28 Kohlgruber Rundtouren kommt der Wanderer zum Gipfelkreuz, das der Gebirgstrachtenverein aufgestellt hat. Daran hängt ein holzgeschnitzter Christus, der ins Oberland hinausschaut. Das Hörnle mit seinen Höhenwegen und Skiliften hat zu jeder Jahreszeit Saison und ist ein Familienparadies. Seit den 1950er Jahren bringt eine schwebende Doppelsesselbahn Erholungssuchende sowie Sommer- und Wintersportler auf den Berg.

Bad Bayersoien

Bad Bayersoien ist das jüngste Moorheilbad Bayerns und liegt in welliger Landschaft am Eingangstor zum größten Naturschutzgebiet des Landes, den Ammergauer Alpen. Die Gemeinde mit den Ortsteilen Bayersoien, Kirmesau, Lettigenbichl, Echelsbach, Findenau, Grundbauer, Sommerhof und Gschwendt hat ihre ländliche, von stattlichen Gebäuden mit Blumenbalkonen geprägte Struktur erhalten und ist Mitglied der Verwaltungsgemeinschaft Saulgrub. Besonders malerisch präsentiert sich der unverbaute Soier See am Ortsrand mit seinem Naturpark, der rund um das badefähige Moorgewässer angelegt ist.

Der Ortsname hat seine Wurzeln vermutlich in römischer Zeit. Anfang des ersten nachchristlichen Jahrhunderts hatten die Römer hier die Station, „Ad Seun" (bei den Seen) an der Via Claudia eingerichtet, die vom Brenner über Partenkirchen und Oberammergau nach Augsburg führte. Ebenfalls über Bayersoien verlief die römische Weststraße von Salzburg über Murnau und Saulgrub nach Augsburg, die ab dem Mittelalter zur Rottstraße wurde. Im Jahre 1167 wird Bayersoien erstmals in einer Schenkungsurkunde genannt. Aus vormals welfischem Besitz gingen die Höfe 1191 an die Hohenstaufer und 1268 an die Wittelsbacher über. Kaiser Ludwig der Bayer übergab den Königsbesitz 1330 dem Kloster Ettal. Aus den Sandsteinbrüchen von Echelsbach kam das Baumaterial für das Kloster. Mit der Schenkung erhielten die Einwohner des Ammergaues das Erbrecht und alle Rechte freier, nicht leibeigener Menschen und eine Art Selbstverwaltung.

Wirtschaftlich profitierte die Region im Mittelalter von der Rott, denn das Fuhrrecht stand auf der Teilstrecke nur dem Ammergau zu, zu dem Bayersoien gehörte. Bei Echelsbach stand damals ein großer Umschlag- bzw. Zollstadel. 1431 erhielt Bayersoien das Niederlagerecht für Salz, das in Murnau geholt und Richtung Augsburg befördert wurde.

1968 wurde Bayersoien Luftkurort, 1996 Heilbad. Seither wirbt die Gemeinde als Teil des Pfaffenwinkels und des Blauen Landes mit vielseitigen Kur-, Kneipp- und Fitnessanlagen. Wie im benachbarten Bad Kohlgrub wird hier insbesondere das dickbreiige Bergkiefern-Hochmoor bei Heilkuren eingesetzt und daran gearbeitet, Bad Bayersoien als Ort umfassender Gesundheitsbildung fortzuentwickeln.

Neben dem Kurbetrieb bietet Bad Bayersoien das ganze Jahr über beeindruckende Veranstaltungen, die zum Teil mit Unterstützung der Vereine in der Gemeinde ausgerichtet werden. Eine Attraktion ist das Bad Bayersoier Jedermann-Triathlon, es

gibt einen Hochseilgarten und für fast jede Sportart Schnuppermöglichkeiten. Der Ort ist idealer Ausgangspunkt für Rad- und Wandertouren in alle Richtungen. Landschaftlich besonders abwechslungsreich ist der Weg um den Soier See. Im Winter werden zahlreiche Loipen gespurt.

Pfarrkirche St. Georg. Wann die erste Kirche in Bayersoien erbaut wurde, lässt sich nicht feststellen, es wird aber davon ausgegangen, dass schon Anfang des 9. Jahrhunderts eine dem heiligen Georg geweihte Kirche bestand und diese den Ungarnstürmen zum Opfer fiel. Erstmalig wird im Jahre 1315 in Aufzeichnungen der Pfarrei „Amergaw" eine Filialkirche mit eigener Begräbnisstätte in „Sevn" erwähnt. Das Gotteshaus wurde 1767 von Wessobrunner Künstlern sparsam aber eindrucksvoll stuckiert, das Deckengemälde stammt vom Begründer der Lüftlmalerei, Franz Seraph Zwinck. Der barocke Kirchenraum wurde im Zuge der Renovierung 1993-1998 neu gestaltet und fällt durch sein harmonisches Gesamtbild auf.

Bierling-Museum. In der Ortsmitte von Bad Bayersoien ist im ehemaligen Kaufhaus Bierling – die Kaufmannsfamilie ist seit 1548 im Ort belegt – ein Museum eingerichtet. Es zeigt Interessantes zur Orts-, Kirchen-, Vereins- und Schulgeschichte. Glanzpunkt ist das Kontor des Handelshauses mit vollständig erhaltenem Mobiliar und Inventar aus zwei Jahrhunderten, das im süddeutschen Raum als einmalig gilt. Zu bestaunen sind auch die ehemaligen Wohnräume der Familie Bierling und die Sammlung Mößmer mit Zeugnissen der Volksfrömmigkeit in der Region, mit Hinterglasbildern und hochwertigen Klosterarbeiten. Eine Abteilung informiert auch über die Entstehung des seltenen Bergkiefern-Hochmoores und dessen wirtschaftliche Verwendung. Landwirtschaftliche und Handwerksgeräte von früher sowie Sonderausstellungen ergänzen das Museumsprogramm

Puppenhausland. Die liebevoll mit rund 10000 Einzelstücken im Dorfstadl präsentierte Sammlung von Puppenstuben, Puppenhäusern und Miniaturen, die vom Verein „Piepklein" zusammengestellt wurde, der auch in Oberammergau und Garmisch-Partenkirchen vertreten ist, spiegeln eindrucksvoll die Wohnsituation durch mehrere Jahrhunderte wider. Auch für Sammler und Bastler ist das Puppenhausland eine Fundgrube.

Soier See. *Malerisch verträumt liegt der moorsaure Soier See in der Landschaft. Er lädt zum Baden ebenso ein wie zum Angeln, Eislaufen oder Eisstockschießen. Jährlich finden dort Seefeste statt. Eines der spektakulärsten ist „Bayersoien in Flammen", bei dem die Blasmusik mit Orchestergruppen pyrotechnisch inszeniertes Musik- und Theatererlebnis anbietet.*

Bad Bayersoien

Unterammergau

Unterammergau mit der Siedlung Scherenau im Norden liegt zwischen Ausläufern des Ammergebirges direkt an der Ammer. Im Osten recken sich die Hörnlegipfel gen Himmel und im Südwesten lockt die Gipfelgruppe um den Pürschling zum Aufstieg. Die Gemeinde, die mit Ettal eine Verwaltungsgemeinschaft bildet, trägt das Prädikat „Kinderland“, eine Auszeichnung dafür, dass sich insbesondere der Nachwuchs und Familien hier besonders wohl fühlen können. Und das zu jeder Jahreszeit.

Der Ortsname leitet sich wie beim Nachbarort Oberammergau vom Gebirgsbach Ammer und von Gau ab, das Gebiet, das von ihm durchflossen wird. Der Ort liegt im Gelände eben etwas tiefer als sein größerer Bruder.

Erstmals urkundlich erwähnt wird die Siedlung im Jahre 1280, die Landschaftsbezeichnung „ambergov“ taucht allerdings schon sehr viel früher auf. Bodenfunden nach zu schließen hatte das Ammertal hier schon zur Keltenzeit Bedeutung als Verkehrsweg. Nach den Kelten waren die Welfen die Herren, danach die Wittelsbacher. Bis zur Säkularisation 1803 war Unterammergau Teil der Hofmark Oberammergau, die zum Kloster Ettal gehörte.

Die Menschen lebten früher von Vieh- und Weidewirtschaft. Vom Ende des Mittelalters bis zur Mitte des 20. Jahrhunderts

arbeiteten viele Bewohner in der Wetzsteingewinnung und erlangten so relativen Wohlstand. Nahe der Schleifmühlenklamm im Süden des Ortes sind noch bauliche Reste stillgelegter Schleifmühlen zu sehen, ein Lehrpfad gibt Aufschluss über das ertragreiche Handwerk, dessen Produkte damals in alle Welt verkauft wurden. Im ehemaligen Forsthaus erzählt das Wetzsteinmuseum von der Arbeit der „Stoaheigler", wie die Einheimischen die Handwerker nannten. Anhand alter Dokumente, Fotos und Geräte sowie eines Modells einer Schleifmühle wird der Bearbeitungsablauf von der Steinplatte im Fels bis zum verkaufsfertigen Wetzstein gezeigt. Die Arbeit der Wetzsteinmacher kann auch im Freilichtmuseum Glentleiten studiert werden.

Unterammergau mit seinen kunstvoll bemalten Bauernhäusern unterhält am Steckenberg einen Sommer- und Winter-Freizeitpark mit Streichelzoo und Sommerrodelbahn, in welchem es auch erlebnisreiche Nachtveranstaltungen gibt. Wie die Gemeinde dürfen auch einige Gastbetriebe und der Ski- und Skischulbetrieb das Prädikat „Kinderland" führen. Die Möglichkeiten zur sportlichen Betätigung sind im Sommer und im Winter nahezu unbegrenzt. Ein begehrtes Wander- und Skiwanderziel sind die Pürschlinghäuser, die ehemaligen Jagdhäuser von König Max II. und König Ludwig II. Ruhe und Beschaulichkeit verspricht eine Wanderung ins Naturschutzgebiet Pulvermoos im Südosten des Dorfes und ein Ausflug in die wildromantische Schlucht der Schleifmühlenklamm mit ihrem malerischen Wasserfall ist ein Naturerlebnis. Oder man geht auf die Romanshöhe und genießt den herrlichen Panoramablick auf Wetterstein und Karwendel.

In Unterammergau wird großer Wert gelegt auf die Bewahrung von Brauchtum und Traditionen. Man geht zum „Kirchtasingen" und zu Waldfesten am Fuße des Pürschling.
Ein beeindruckendes Erlebnis wegen der Trachtenpracht ist der Leonhardi-Ritt mit Pferdesegnung zur idyllisch am Südwesthang des Hinteren Hörnle gelegenen „Kappel", der wohl ältesten Kirche im Ammertal. Dutzende Reiter mit ihren festlich herausgeputzten Pferden, Gespanne mit Kutschen und Kastenwägen mit Frauen in feschen Dirndln und Hunderte von Zuschauern nehmen alljährlich Anfang November an diesem Brauchtumsfest teil.

St. Nikolaus. Wie Ausgrabungen belegen, gab es schon im 13. Jahrhundert ein kleines steinernes Kirchlein. Erwähnt ist auch eine mittelalterliche Kirche, die im Dreißigjährigen Krieg vermutlich baufällig geworden war, so dass um 1710 ein neues Gotteshaus errichtet wurde. Die reiche Ausstattung zeugt vom damaligen Wohlstand. Ungewöhnlich ist, dass im Hochaltar nicht der Kirchenpatron St. Nikolaus dargestellt ist, der auch als Schutzpatron der Wetzsteinmacher gilt, sondern die Aufnahme Mariens in den Himmel. Eine 1693 gegründete marianische Bruderschaft stellte Maria in den Mittelpunkt. Wunderschön sind die Figuren der Eltern der Gottesmutter, St. Joachim und St. Anna von Franz Xaver Schmädl aus Weilheim. Die Fresken in Chor und Langhaus stammen vom Oberammergauer Maler Johann Jakob Würmseer.

Flurdenkmäler. *Auf dem Gemeindegebiet findet man ungewöhnlich viele Kapellen, Grotten, Marterl und Feldkreuze mit schönen Figuren, Heiligenbildern und Kruzifixen. Über die Rundwege rechts und links der Ammer kommt man zu rund 30 Flurdenkmälern.*

Ettal

Das Dorf, ein beliebter Luftkurort mit Freizeitmöglichkeiten zu jeder Jahreszeit, liegt auf dem Ettaler Sattel zwischen Oberammergau und Oberau. Die Gemeinde besteht aus Ettal, Graswang, Linderhof, Dickelschwaig und Rahm und ist Teil der Verwaltungsgemeinschaft Unterammergau. Der ursprüngliche Name „etal" bedeutet Tal des Gelöbnisses oder Versprechens. Die Ortsbezeichnung etablierte sich also erst nach dem Gelöbnis von Kaiser Ludwig dem Bayer hier ein Kloster zu errichten.

Vor der Klostergründung im Jahre 1330 herrschten über das Gebiet die Welfen, dann die Hohenstaufer. Als früher Flurname ist „cum prato antfranga" (mit der Wiese) überliefert, später findet sich auch „am Ampherhang". Nach dem Tode von Elisabeth, einer Schwester Ludwigs des Strengen, fielen die Güter an die Wittelsbacher. Insbesondere das Graswangtal war damals schon dünn besiedelt. Nach der Klostergründung wurden die Zisterzienser neue Eigentümer, die bis zur Säkularisation blieben. 1803 fiel der Klosterbesitz an das Herzogtum Bayern.

Die politische Gemeinde Ettal wurde um 1817 errichtet und setzte sich aus den Höfen in Graswang und Linderhof zusammen, die vorher dem Kloster gegenüber abgabenund zinspflichtig waren, und aus den ehemaligen Klosterbediensteten. Es entstand ein bescheidenes Gemeinwesen, das sich mangels Arbeitsplätzen nur langsam entwickelte. Der spürbare Aufschwung kam erst mit dem Fremdenverkehr, angezogen vor allem durch das Kloster und Schloss Linderhof.

Rad- und Wanderwege führen von hier aus zum Beispiel zur Ettaler Mühle oder

man steigt hinauf auf den Hausberg, das Ettaler Mandl, einen 1633 Meter hohen Kalkzacken, der aus einem bewaldeten Seitenkamm des 1686 Meter hohen Laber herausragt. Dem Ettaler Mandl gegenüber steht ein weiterer Felszacken, das Ettaler Weibl. Die Abtei Ettal verfügt über eine seit 1609 ununterbrochen Helles und Dunkles zaubernde Klosterbrauerei mit Museum, eine Likör-Destillerie, ein Hotel mit dem Namen des Klostergründers, ein Klostergymnasium und ist Teilhaber einer Bergbahn. In Ettal gibt es auch eine Schaukäserei.

Kloster Ettal

Einen Hauch von Rom vermittelt die Kirche mit ihrer Kuppel, die bis 1370 auf einem zwölfeckigen Grundriss gebaut und nach einem Klosterbrand (1744) bis 1790 von Josef Schmuzer zum Rundbau umgestaltet wurde. Dessen Sohn Franz Xaver und Schwiegersohn Johann Georg Übelherr trugen den Stuck auf. Das Deckengemälde, das auf 1300 Quadratmeter die Lobpreisung des heiligen Ordensvaters Benedikt darstellt, sowie das Legendenbild über dem Eingang zum Chor stammen von Johann Jakob Zeiller. Die Seitenaltäre von Johann Baptist Straub zählen zu den reizvollsten Schöpfungen dieses großen Bildhauers. Mittelpunkt ist seit jeher das viel verehrte Gnadenbild „Ettaler Madonna", das Kaiser Ludwig der Bayer, ein großer Marienverehrer, aus Italien mitbrachte. Wegen der langen Bauzeit ist im Chorraum schon ein wenig Klassizismus zu spüren. Die neue Zeitstimmung zeigt sich im Deckenfresko von Martin Knoller (1769), der auch das Hochaltargemälde „Mariä Himmelfahrt" geschaffen hat. Der Stuck in der Sakristei hinter dem Hochaltar ist vom jungen Johann Baptist Zimmermann.

Gründungslegende. Nachdem sich der bayerische Herzog Ludwig IV. 1328 in Rom zum Kaiser hatte krönen lassen, geriet er bald in finanzielle Bedrängnis und wollte wieder in sein bayerisches Herzogtum zurückkehren. Da erschien dem Kaiser ein „grauer Mönch", der ihm versprach, mit einem Gelöbnis die missliche Lage beenden zu können. Ludwig, von Papst Johannes XXII. abfällig „bavaricus" (der Baier) tituliert, solle in „Ampferang" (so hieß das Tal zwischen Loisach und den Ammergauer Bergen damals) zur Ehre Gottes und der Gottesmutter ein Kloster errichten, sagte der Mönch, und übergab ihm ein Marienbild aus weißem Marmor. Als Kaiser Ludwig die Klostergründung gelobt hatte, reiste er weiter nach Partenkirchen, wo er einen Jäger fragte, wo denn Ampferang überhaupt zu finden sei. Daraufhin ritt der Jäger mit dem Kaiser in den dichten, von Räubern beherrschten Wald, bis sie an einen alten Baum kamen. Dort sank Ludwigs Pferd dreimal hintereinander nieder. Damit war die Stelle gefunden, an der das Kloster später errichtet wurde.
Angeblich war der Kaiser vom Ammergauer Jäger Heinrich Vendt über den Kienberg ins Ammertal geführt worden

Klostergeschichte. Das Kloster wurde auf Weisung von Kaiser Ludwig für 14 Priestermönche, sechs Laienbrüder und zwölf Ritter, die unter einem Meister zusammenleben sollten, sowie für die zwölf Ritterfrauen und sechs Witwen, denen eine Meisterin vorstehen sollte, gebaut. Ludwig wollte so ein traditionelles Mönchskloster mit einem Ritterorden vereinen. Nach dem Tod des Kaisers (1347) wurde die Ritterstiftung aber bald aufgegeben, während die Benediktinermönche ihren Stiftungszweck jahrhunderte lang erfüllten. Von den Schäden des Dreißigjährigen Krieges konnte sich das Kloster Ettal aufgrund ihres reichen Besitzes schnell erholen. Ihre Blütezeit hatte Ettal erst im 18. Jahrhundert. Abt Placidus II. (1709-1736) setzte neue Maßstäbe, indem er Bildung und Kunst in den Vordergrund stellte. 1710

richtete er eine Ritterakademie ein, die als Lehranstalt für bayerische und österreichische Elite gedacht war. Mit großem Elan ging Placidus auch an die bauliche Erneuerung des mittelalterlich geprägten Klosters. Der Abt holte den kurfürstlichen Hofbaumeister Enrico Zuccalli, der einen Gesamtplan entwarf, nach dem die mit neuer Fassade und Chor versehene gotische Kirche inmitten dreier Hofanlagen stehen sollte. Wegen Geldmangel zog sich die Umgestaltung hin, bis 1744 ein Großbrand vieles zerstörte. Um alle Kräfte auf den Wiederaufbau konzentrieren zu können, wurde die Ritterakademie geschlossen. Nach der Säkularisation 1803 wurden Teile der Klostergebäude abgerissen. Ab 1900 zogen die Benediktiner wieder in Ettal ein und die barocken Flügel wurden wieder aufgebaut, sodass die Kirche wie einst im Mittelpunkt der Anlage steht. Aufgrund staatlicher Auflagen musste ein Gymnasium eingerichtet werden. Seit 1907 ist Ettal wieder Abtei. In der Zeit des Nationalsozialismus war Pater Rupert Mayr SJ in Ettal interniert.

Gründungsgeschichte. Die Klostergründung fällt in die Zeit des „Avignoner Exil" der Päpste. Bayerns Herzog Ludwig IV., von Papst Johannes XXII. mit dem Kirchenbann belegt, ruft in Rom Nikolaus V. zum Gegenpapst aus und lässt sich am 27. Mai 1328 zum Kaiser krönen. Als der Kaiser in Bedrängnis gerät und das Geld knapp wird, zieht er sich mit seinem Heer über den Fernpass zurück. Auf der Heimreise macht Ludwig, der trotz des Streits mit dem Papst ein tief religiöser Mann blieb, Station in Partenkirchen und stiftet am 28. April 1330 das Kloster Ettal.
Der Name Ettal weist auf ein Gelübde hin. Der Kaiser soll das Ammertal „unser frawene tal" (Maria) „angelobt" haben. Erstmals genannt wird Ettal in den Schriften von Abt Johannes von Viktrin (1342).
Historikern zufolge war die Stiftung überwiegend politisch motiviert. Der 1324 mit dem päpstlichen Bann belegte Kaiser wollte der Kurie nicht nur seine Religiosität beweisen, sondern auch den Ammergau an das Herzogtum Bayern binden und das Gebiet an der wichtigen Handelsstraße Augsburg-Italien erschließen.

Ettaler Weidmoos

Nahe Ettal entspringen die großen und die kleinen Ammerquellen. Ein Naturreservoir der besonderen Art ist das Weidmoos, ein Kalkflachmoor mit Übergangskomplexen und kleinen Hochmoorinseln zwischen der Ammer und der Ettaler Mühle. Entstanden ist das Weidmoos durch Verlandung eines Schmelzwassersees. Es ist 159 Hektar groß und ein Naturschutzgebiet mit großflächigen Streuwiesen und einer hohen Artenvielfalt seltener Pflanzen, Amphibien und Vögel.

Graswang

Die Endung „wang“ weist auf die Germanen zurück. Das Wort *Gras* für Weidefläche und *wang* zusammen sind nach Ansicht von Heimatforschern Beleg dafür, dass die Gegend schon lange vor der Klostergründung besiedelt war. Im Salbuch Herzog Ludwigs des Strengen (um 1270) sind fünf Schwaigen im Ammergau aufgeführt, die nicht näher bezeichnet sind. Diese werden im Graswangtal vermutet. Graswang ist ein kleiner, bäuerlich geprägter Ort, der abseits der Verbindungsstraße zwischen Ettal und Oberammergau liegt, auf halber Strecke zum Schloss Linderhof. Die ruhige Lage, alte Bauernhöfe in Holz und Häuser mit kunstvollen Giebeln kennzeichnen das Dorf.

15 Minuten entfernt, beim Forsthaus Dickelschwaig, ließ im Jahre 1694 Abt Romuald Haimblinger die barocke „Gertrudis-Kapelle“ errichten. Die Inschrift RHAZE über der Eingangstüre „Romualdus Abbas Zaenobbii Ettalensis“, erinnert an den Erbauer. Das Graswangtal ist wegen seiner Höhenlage mit langer Schneesicherheit ein Langlaufparadies.

Linderhof. Der Linderhof, in dessen Nähe König Ludwig II. sein Lieblingsschloss bauen ließ, geht auf einen „Hannsen Linder“ zurück, der in einer Urkunde von 1473 erwähnt wird. In späteren Aufzeichnungen ist von einer „schwaig, genannt der Linder“ die Rede. Möglicherweise lässt sich der Name von Lindenbaum ableiten. Zumindest könnten am nahen Bach Linder einmal Lindenbäume gestanden haben.

Saulgrub/Altenau

Zwischen den Kurorten Bad Kohlgrub und Bad Bayersoien liegt am Eingang zum Ammertal die Gemeinde Saulgrub, zu der auch die Dörfer Wurmansau und Altenau gehören. Mit Bad Bayersoien bildet die Kommune die Verwaltungsgemeinschaft Saulgrub. Auch wenn sich die Gemeinde nicht Bad nennen darf, werden Kuranwendungen mit dem Bergkiefern-Hochmoor wie in den Nachbarorten angeboten und es gibt auch das Kurbad „Römerbrunnen". Im Wesentlichen setzt die landwirtschaftlich geprägte Erholungsgemeinde mit ihrem ausgezeichneten Höhenklima jedoch auf einen die Natur schonenden Tourismus. „Mit der Natur leben" ist die Devise, nach der versucht wird, die dörflichen Strukturen zu erhalten, unter ökologischen Gesichtspunkten weiter zu entwickeln und die Schönheiten der Landschaft vor den Ammergauer Alpen erfahrbar zu machen.

Der Ortsname kommt vom mittelhochdeutschen „rein" für begrenzende Bodenerhöhung und dem althochdeutschen „sulag" für Suhle, Saulache. In einer Urkunde von 1280 wird „sulgrai" erwähnt. Ab dem 15. Jahrhundert entwickelte sich die Bezeichnung in Angleichung an Kohlgrub allmählich zu Saulgrub.

Das Ammertal ist frühes Siedlungsgebiet, das belegen zahlreiche Funde, wie der in Saulgrub entdeckte etruskische Bronzehelm, wovon eine Nachbildung im Rathaus ausgestellt ist. Das Original ist in der Prähistorischen Staatssammlung in München zu sehen. Dass die Heer- und Handelsstraßen der Römer hier vorbeiführten, ist in Spuren noch an der Anhöhe nördlich der Ansiedlung und in Richtung Bad Bayersoien erkennbar. Grundherren waren nacheinander die Klöster Kempten und Raitenbuch und am längsten bis zur Säkularisation das Kloster Ettal, teils auch das Kloster Rottenbuch. Die Ortschronisten berichten von einer Burganlage „nahe am Obermoosfilz", deren Mauerreste die Saulgruber angeblich zum Hausbau verwendeten. Bis 1803 waren alle Altenauer, Saulgruber und Wurmansauer Gerichtsuntertanen von Ettal. Nach der Säkularisierung kam die Gemeinde erst zum Bezirksamt Schongau, dann 1911 zum Bezirksamt Garmisch.

St. Franziskus. In Saulgrub gab es seit 1723 eine Heilig-Kreuz-Kapelle, die 1777 erneuert wurde. 1860 wurde eine neue Kirche geweiht. Gotteshaus und Innenausstattung sind im neugotischen Stil gehalten. Nach seiner Renovierung erstrahlt sie in neuem Glanz.

Altenau. Der Ortsteil Altenau, in einer Ammertalmulde gelegen, wird 1280 zum ersten Mal urkundlich als „altenove" (wasserreiches Land) erwähnt. Einer Chronik zufolge bestanden schon 1270 „zu Altenowe" drei Höfe, welche dem herzoglichen Amt Ammergau zu Abgaben verpflichtet waren.

Im 14. Jahrhundert werden „zwen Höf in Altenaw" erwähnt, die den bayerischen Herzögen und später nach Ettal „zinsten". Ein Besuch der erst vor Kurzem renovierten Kirche St. Antonius ist zu empfehlen.

Wurmansau. Der Orsteil liegt am Fuße des Hörnle, hier führte die Römerstraße „Via Claudia“ durch und hier in „Fuhrmannsau“ wechselten die Reiter ihre Pferde.

__Sehenswert.__ Zu den Sehenswürdigkeiten in der Umgebung zählt das an der Ammer liegende Kraftwerk Kammerl, das älteste Bahnkraftwerk der Welt für Einphasenwechselstrom. Ebenfalls an der Ammer liegen die Schleierfälle, die ein besonderes Naturereignis darstellen. Unweit davon spannt sich die Echelsbacher Brücke über die Ammer.

Für Naturliebhaber ist die „Scheibum“ ein erholsamer und gleichsam lehrreicher Ort. Die Scheibum ist ein Abschnitt der Ammerschlucht, in dem die im Oligozän (vor 33,9 bis 23,03 Millionen Jahren) entstandene Auffaltung der Alpen anhand von Schichtfolgen (Mergel- und Sandstein) besonders gut zu erkennen ist. Die Schlucht entstand als Mäander der Ammer, der auf einen Berg stieß, den das Wasser umfließen musste. Daher der Name Scheibum (sich drehend, kein Ausgang).

Über den Weiler Wurmansau ist in der Ortschronik von 1865 zu lesen: „... das Wirtshaus mit bedeutendem Ökonomiegute, welches vor Zeiten ein unmittelbares Besitztum des Klosters Ettal gewesen, war vielleicht vor der Stiftung des Klosters eine der fünf Schwaigen, die im Salbuch Herzog Ludwig des Strengen im Amte Ammergau ohne nähere Ortsbezeichnung aufgeführt sind“. Die Rede ist darin auch von einem prächtigen kupfernen „Weihbrunnkessel“ mit der Inschrift „1606 ETTALWE“, der im Besitz der Wirtsleute sei.

Saulgrub ist idealer Ausgangspunkt für erlebnisreiche Fuß- und Radwanderungen durch die von Wald, Wiesen und Mooren gestaltete Voralpenlandschaft des Pfaffenwinkels und für Touren in die Ammergauer Alpen. Im Winter werden Loipen gespurt, die mit denen der Nachbargemeinden im Ammertal vernetzt sind. Der Hochschergen, von Altenau aus zu erwandern, ermöglicht mit knapp 1400 Metern eine gute Weitsicht und gilt als Geheimtipp.

Die Ammer

Die Ammer gilt als der landschaftlich schönste Wildfluss Deutschlands. Ihren Ursprung bilden kleine Quellbäche, die an den Abhängen des Ammergebirges im bayerisch-tirolischen Grenzgebiet zu Tage treten und sich in der Nähe vom Königsschloss Linderhof mit dem Bachlauf der Linder vereinigen. Bei normalem Wasserstand versickert das Wasser nach etwa vier Kilometern im durchlässigen, kalkigen Untergrund. Am Fuß der Notkarspitze zwischen Graswang und Ettal kommt es an zwei Stellen als große und kleine Ammerquellen wieder ans Tageslicht. Sie gelten als das eigentliche Quellgebiet der Ammer.
Von hier schlängelt sich der junge Fluss durch das Weidmoos, biegt vor Ettal nach Norden ab, durchfließt Oberammergau, verlässt hinter Unterammergau die Bayerischen Alpen und nach Bad Bayersoien das Werdenfelser Land. Durch Zuflüsse kräftiger und mächtiger geworden, bahnt sich die Ammer im weiteren Verlauf einen Weg durch die Ablagerungen des Isar-Loisach Gletschers, zwängt sich im Bereich Rottenbuch durch die wildromantische Ammerschlucht, um danach ostwärts vorbei am Hohenpeißenberg bei Fischen in den Ammersee zu münden. Mit dem See und der daraus bei Stegen abfließenden Amper bildet die Ammer ein zusammenhängendes Flusssystem, dessen Wasser in Moosburg in die Isar fließt.

Ursprünglich trug der in weiten Bereichen noch naturnahe Flusslauf von der Quelle bis zur Mündung den Namen „Amper". 1243 wurde der Ammersee erstmals als Amirsee bezeichnet und erst ab dem 14. Jahrhundert wird zwischen der Ammer als Zufluss zum Ammersee und der Amper unterschieden. Die Bezeichnung lässt sich aus der indogermanischen Wurzel „ombh" oder „mbh" für Wasser oder Wasserlauf herleiten. Die Kelten nannten den Fluss „ambra". Die Bezeichnung wurde von den Römern übernommen. Nach einer anderen Deutung ist Amper mit dem keltischen Wort „ampart" für geschickt, gewandt und stark verwandt.

Die Ammer wurde vermutlich schon von keltischen Stämmen als Transportweg genutzt. Regelmäßige Warentransporte wie auf der Loisach und Isar sind jedoch nicht überliefert. Umso mehr diente der Fluss bis ins 20. Jahrhundert hinein der Holztrift (von „treiben" lassen), im Unterlauf auch der Holzflößerei.
Beim Triften wird an einer Stelle Schnitt- oder Scheitholz einzeln in den Flusslauf geworfen und an einer anderen wieder an Land geholt. Dafür wurden an geeigneten Stellen Zugänge geschaffen. Wird das Holz zusammengebunden, spricht man vom Flößen. Getriftet wurde hauptsächlich im Frühjahr und im Herbst, da die Flüsse zu dieser Zeit mehr Wasser führten.
Da die obere Ammer im Werdenfelser Land von umfassenden Hochwasserschutzmaßnahmen und von Wasserkraftwerken weitgehend verschont blieb, ist die ursprüngliche Flusslandschaft mit ihren grandiosen Schluchten fast überall noch erhalten. Viele geschützte Tier- und Vogelarten wie Wasseramsel, Eisvogel, Brachvogel oder Schwarzspecht haben in den Uferbereichen ideale Lebensräume und auch der seltene Flussuferläufer findet auf den Kiesbänken Nistmöglichkeiten. Im Werdenfelser Land ist die Ammer überwiegend ein Forellengewässer. Wo sich die Ufer weiten, finden auch die Äsche und andere Fischarten gute Laichplätze. Entlang des Flusses haben sich Moore mit einer bunten Blumenwelt entwickelt, so zum Beispiel das Ettaler Weidmoos bei Oberammergau.

Die Ammergauer Alpen mit dem gleichnamigen Naturschutzgebiet begleiten den Fluss vom Ursprung bis fast zur Werdenfelser Grenze. Notkarspitze, Pürschling, das Ettaler Mandl mit seinem Klettersteig und der Laber, der von Oberammergau aus auch mit einer Bergbahn erreicht werden kann, sind bei Bergwanderern sehr beliebt. Das Ammertal, insbesondere das Graswangtal, ist ein grandioses Wander- und Radfahrergebiet. Auf dem Ammer-Amper-Radweg kann man von Moosburg bis Oberammergau fahren und von dort weiter bis Oberau und Garmisch oder durch das Graswangtal bis nach Reutte in Tirol. Wo möglich werden im Winter Loipen gespurt und die schneebedeckten Berghänge bieten für Tourengeher ideale Bedingungen.

Für Kanu- und Kajakfahrer ist die Amper eine Herausforderung. Zum Befahren eignet sich fast die gesamte Strecke, allerdings ist dies während der Vogelbrutzeiten bis Mitte Juli in weiten Bereichen verboten. „Viel bepaddelt, gern beschwommen ist Bayerns Klassiker", wie eine Zeitschrift für Kanufreunde befand, wobei sich die Bademöglichkeiten in Grenzen halten. Das Kernstück der Werdenfelser Ammer liegt für Kanuten zwischen dem Einstieg bei der sogenannten „Scheibum" und dem Ausstieg bei Saulgrub. Auch eine Wanderung zu den schrägen Felsrippen der Scheibum ist lohnenswert und wird mit einem beeindruckenden Blick auf einen schönen und zugleich wilden Flussabschnitt belohnt.
Eine landschaftlich besonders interessante Stelle ist für Kanufreunde flussaufwärts auch die einsame Tertiärschlucht, die nördlich von Oberammergau von der reißenden Ammer durchquert wird.

__Schleierwasserfälle.__ Als Naturwunder gelten die Schleierwasserfälle im Naturschutzgebiet Amperleite südlich von Bad Bayersoien mit ihren Tropfsteinhöhlen und Tuffsteinausbildungen, die sich teils hinter einem dichten Wasservorhang verstecken. Viele markierte Steige führen von Saulgrub, Bayersoien oder Peutelsau dorthin. Der Tuff, ein poröses, noch junges „sekundäres" Sediment, ist hier entstanden, nachdem fortlaufend kalkhaltiges Wasser, das aus den Schotterhügeln austrat, über Steine und über die im Steilabfall zur Ammer angesiedelten Pflanzen abfloss und infolge chemischer Prozesse ausgefallene Mineralien „ausgehärtet" wurden. Wie fein gesponnene Brautschleier fällt heute das Wasser über grünes Moos und Tuffnasen.

Das Blaue Land

Gemeinden der Region:

- *Murnau*
- *Seehausen*
- *Ohlstadt*
- *Uffing*
- *Großweil*
- *Riegsee*
- *Spatzenhausen*
- *Schwaigen-Grafenaschau*

Auskunft:

Das Blaue Land
Kohlgruber Str.1
D-82418 Murnau a. Staffelsee
Telefon (0 88 41) 6 14 10-11
Telefax (0 88 41) 61 41 21
info@dasblaueland.de

Im Anklang an die besonderen Licht- und Farbstimmungen, welche Seen und Berge oftmals in malerische Blautöne tauchen, entstand die Bezeichnung „Blaues Land“. Franz Marc nannte seine Wahlheimat Ried bei Benediktbeuern, auch so und schrieb an seine Frau: „Blau ist die einzige Farbe, bei der ich mich dauernd wohl fühle“. Von Kandinsky stammt der Satz: „Blau ist eine typisch himmlische Farbe, die den Menschen in das Unendliche ruft und in ihm die Sehnsucht nach dem Reinen und Übernatürlichen weckt.“ Und natürlich legte auch der Ruhm der Mitglieder der „Blauen Reiter“, die mit ihrer expressionistischen Kunst Weltgeschichte schrieben, den Verantwortlichen nahe, Murnau und sein Umland als „Das blaue Land“ touristisch zu vermarkten.

Blick von der Aidlinger Höhe auf den Riegsee. Ob Ludwig II. den Panoramablick von der Aidlinger Höhe aus genoss, ist nicht sicher; aber die alte Straße von Murnau über Grafenaschau nach Bad Kohlgrub hat er mehrmals benutzt. Mit dem vergoldeten Pferdeschlitten tobte der Regent hier durch den tiefen Schnee.

Berühmtheiten.
1901/1902 erbaute sich der berühmte Villenarchitekt Emanuel von Seidl in Murnau ein Landhaus mit weitläufigem Park. Er empfing dort Gäste aus Adel, Wirtschaft und Kunst und organisierte in seinem „Goldenen Landl“ die legendäre Aufführung von Shakespeares „Sommernachtstraum“. Das Grab des Murnauer Ehrenbürgers, dessen Namen das Murnauer Schulgebäude neben der Pfarrkirche trägt, wurde 1994 von München nach Murnau überführt.

Die bekanntesten Malerkünstler Murnaus sind Gabriele Münter und Wassily Kandinsky, die im sogenannten „Russenhaus“ ab 1909 eine Bleibe fanden. Oft hatten sie Mitbegründer der Künstlergruppe „Der Blaue Reiter“ wie Franz Marc, Alexej von Jawlensky, Marianne von Werefkin und August Macke zu Gast. Im Russenhaus, das zu einem kleinen Museum ausgebaut wurde, und im Schlossmuseum erinnert Murnau mit vielen Werken an die Schaffensperiode der Maler, die den Markt Murnau weltbekannt werden ließen.

Ein honoriger Mitbürger war von 1923 bis 1933 der Schriftsteller Ödön von Horváth, der sich in seinen Werken mit dem Leben und Denken der Murnauer und mit dem Aufstieg des Faschismus auseinandersetzte. 1921 erwarb die Familie des 1901 in Ungarn geborenen Ödön in der Bahnhofstraße ein Grundstück, auf dem sie 1924 ein Landhaus errichten ließ. Die zehnjährige Murnauer Zeit war die wichtigste Schaffensphase des Autors von Werken wie „Zur schönen Aussicht“, „Die Bergbahn“, „Italienische Nacht“ oder „Glaube Liebe Hoffnung“. 1933 wurde Ödön von Horváth von den Nationalsozialisten aus Murnau verjagt und später des Landes verwiesen. 1938 starb der Schriftsteller in Paris.

Weniger bekannt ist, dass sich der Maler Carl Spitzweg (1808-1885) im Jahre 1854 größtenteils in Murnau aufhielt. Er lobte angeblich Murnaus Wirtshäuser, die „ausgezeichnet und ausnehmend billig“ seien. Der Gasthof Post und vor allem das „recht nette Badehüttchen“ am Staffelsee hatten es ihm angetan. Der Maler studierte in Murnau und Umgebung die Natur und die Menschen. Anzunehmen ist, dass Spitzweg hier auch einige Motive von den Marotten und Schrulligkeiten der sogenannten kleinen Leute fand, die er – nie ernst gemeint – in seinen berühmten Bildern festhielt.
In Murnau-Hochried ließ der Münchner Bankier James Loeb (1867-1933) ein Landhaus erbauen. Als Förderer der „Loeb Classical Library“, einer heute noch bestehenden Reihe mit Ausgaben der Werke antiker Schriftsteller und Dichter, machte er sich weltweit einen Namen. Loeb und seine Frau Marie Antonie zählen zu den großen Wohltätern von Murnau, das ihm insbesondere den Neubau des Gemeindekrankenhauses verdankt. 1933 wurde der Deutsch-Jude zum Ehrenbürger ernannt.

Walter von Molo (1880-1958) war freier Autor in Wien und ab 1915 in Berlin. Seine Biographien über Friedrich den Großen und Friedrich Schiller machten ihn zu einem bekannten Schriftsteller der Weimarer Republik. Angefeindet von den Nationalsozialisten ließ er sich mit seiner Frau Anna im Ortsteil Hechendorf nieder. Das Urnengrab befindet sich im „Molo-Park“.

Murnau am Staffelsee

Murnau am Staffelsee, seit 1972 die Marktgemeinde am nördlichen Rand des Landkreises Garmisch-Partenkirchen, ist ein Luftkurort mit Moorkurbetrieb im Vorland der Alpen und der Hauptort im Blauen Land, das seine Bezeichnung von der Künstlergruppe „Der Blaue Reiter" ableitet, die sich in und um Murnau der Landschaftsmalerei widmete. Direkt an den westlichen Ortsrand grenzt der Staffelsee, der zum Baden einlädt. Im Süden schließt sich mit dem Murnauer Moos eines der größten Moorgebiete Deutschlands an. Während der letzten Eiszeit, der Würmeiszeit, lag die gesamte Region unter einer rund 600 m hohen Eisdecke. Im Süden schlängelt sich die Loisach durch Murnau. Früher wurden auf der Loisach die Stämme der Bergwälder des Werdenfelser Landes sowie Gips und Kalk transportiert. Viele Flößer wohnten im Ortsteil Hechendorf, an dem die Loisach direkt vorbeifließt. Heute bevölkern Kanus, Kajaks und Schlauchboote den Gebirgsfluss. In der Murnauer Region finden sich reiche Lager von Bergkiefer-Hochmoor, das einen hohen Huminsäuregehalt aufweist und daher bei Moorkuren Anwendung findet. Wegen der guten Luft und wegen der heilenden Wirkung des Moores darf sich Murnau Kurort nennen.

Die Gegend um Murnau wurde bereits in vorchristlicher Zeit besiedelt.
Auf dem mittlerweile abgetragenen Moosberg im Murnauer Moos ließen sich Spuren keltischer Besiedlung finden. Ab der Römerzeit führte die sogenannte Rottstraße hier vorbei. Damals war Murnau aber kaum mehr als eine befestigte Poststation. Um 1150 wird die Siedlung als „Murnowe“ erstmals urkundlich erwähnt. Handwerker, Dienst- und Fuhrleute hatten sich im Schatten der Burg Murnau angesiedelt, die 1324 in einer Urkunde genannt wird. Bei Grabungen im Bereich des heutigen Schlossmuseums wurden Überreste einer Burg aus dem 12. Jahrhundert gefunden, von dessen Wohnturm Teile erhalten sind. Die Burg verschenkte Kaiser Ludwig der Bayer 1330 an das im selben Jahr gegründete Kloster Ettal, das seinen Pflegrichter hier unterbrachte. Nach Umbauten wurde 1539 aus der Burg das „Schloss“ Murnau. Funde wie Elfenbeinnadeln, ein eiserner Rittersporn mit Sternrädchen (14./15. Jahrhundert) sowie Landsknecht-Graffiti aus dem 16. Jahrhundert sind Zeichen einer blühenden Kultur an der Handelsstraße. 1350 bestätigte Ludwig der Brandenburger dem Markt Murnau den Blutbann, das Niederlagerecht, den Wochenmarkt am Mittwoch und den Michaelimarkt. 1722 werden der Leonhardi- und der Skapuliermarkt (Überwurf über die Ordenstracht) bewilligt. Nach der Inbetriebnahme der Eisenbahnlinie wurde Murnau als Sommerfrische entdeckt und zog viele Künstler an. Darunter war auch der Münchner Jugendstilarchitekt Emanuel von Seidl, der sich Anfang des 20. Jahrhunderts für eine Verschönerung des Ortes einsetzte.

Der Ortsname wird abgeleitet von den mittelhochdeutschen Bezeichnungen „Mur“ für abgeschwemmtes, brüchiges Material und „Ouwe“ für wasserreiches Wiesenland. Der Legende nach soll der Ort im frühen Mittelalter auch „Wurmau“ genannt worden sein, weil im nahen Moos ein feuerspeiender Drache oder Lindwurm hauste.
Zur Gemeinde gehören Achrain, Egling, Froschhausen, Hechendorf, Hermannswiese, Mühlhabing, Neuegling, Oberried, Ramsach, Weindorf und Westried.

Von Seidl stammen die denkmalgeschützten Häuserfronten in Murnaus Mitte, die Besucher noch heute dazu verführten, von „Klein-Innsbruck“ zu sprechen.

Nach der Säkularisation erwarb die Gemeinde Murnau das Schloss, ab 1862 wurden darin Kinder unterrichtet. Nach aufwändigen Sanierungen eröffnete 1993 das Schloss-Museum. Es zeigt die mit Murnau verbundene, international bedeutende Kunst- und Literaturgeschichte Anfang des 20. Jahrhunderts und vermittelt die Besonderheiten des Alpenvorlandes sowie Murnaus Tradition und Kultur, die eng mit diesem künstlerischen Schaffen verbunden ist. Das Herzstück bildet die umfangreiche Sammlung von Werken Gabriele Münters sowie von Künstlern der „Neuen Künstlervereinigung München“ und der Künstlergruppe „Der Blaue Reiter“. Eine umfangreiche Dokumentation widmet sich dem Dramatiker Ödön von Horváth. Dargestellt werden auch die Geschichte und die Entwicklung des Marktes, typische Gewerbe wie Hinterglasmalerei, Federblumenherstellung und die internationale Sammlung Dammert, die über das Örtliche hinaus überregionale Werke aus Europa und Asien präsentiert. Die frühe Landschaftsmalerei im Alpenvorland seit dem 18. Jahrhundert setzt einen weiteren reizvollen Schwerpunkt. Zudem finden regelmäßig überregionale Sonderausstellungen statt. Das Schlossmuseum Murnau wurde 1995 mit dem Bayerischen Museumspreis ausgezeichnet.

Das Rathaus wurde 1842 im neugotischen Stil erbaut. Anfang des 20. Jahrhunderts

wurde die Fassade mit einem Fresco geschmückt, das Kaiser Ludwig der Bayer mit der schmerzhaften Muttergottes zeigt. Vor dem Rathaus befand sich im 14. Jahrhundert die Rottniederlage, später die Schranne mit einem Brothaus.

Um 1300 wird erstmals eine Sankt Nikolauskirche schriftlich erwähnt. Von 1717 bis 1734 entstand der heutige Neubau im spätbarocken Stil, nachdem die gotische Vorgängerkirche zu klein und baufällig geworden war. Der Architekt war vermutlich Hofbaumeister Enrico Zuccalli aus München. Die Innenausstattung (Altäre, Plastiken) wurde im Laufe des 18. Jahrhunderts fertiggestellt, die Deckengemälde stammen aus der zweiten Hälfte des 19. Jahrhunderts. Die Stuckarbeiten werden Baptist Zimmermann zugeschrieben. Das Altarbild des Hochaltares, an dem Hans Bader (Lechhansl) mitwirkte, zeigt den Kirchenpatron. Seit 1756 ist Sankt Nikolaus auch eine Wallfahrtskirche zur Schmerzhaften Muttergottes.

Im Treiben der autofreien Ortsmitte findet man in der Maria-Hilf-Kirche einen Ort der Ruhe und Einkehr. Erbaut wurde sie nach dem 30-jährigen Krieg. Nachdem sie 1703 durch kaiserliche Truppen und 1774 beim großen Brand von Murnau zerstört worden war, wurde sie jeweils wieder aufgebaut. Bewundernswert ist die Jahreskrippe.

Murnaus gute Stube ist die Fußgängerzone mit dem denkmalgeschützten Ober- und Untermarkt mit der Mariensäule in der Mitte. Dort finden das ganze Jahr über Feste und Veranstaltungen statt. Bekannt ist der Murnauer Schäfflertanz, der seit rund 150 Jahren regelmäßig aufgeführt wird. Ein Spaziergang zu den malerischen Winkeln und durch enge Gassen führt zu den Motiven, die Malerkünstler noch heute inspiriert. Landschaftlich besonders reizvoll sind die vielen Wander- und Radrundwege zum Staffelsee, zum Riegsee, zum Froschhauser See, ins Murnauer Moos oder zum Höhenrücken mit garantiertem Weitblick beim beschaulichen Dörfchen Hagen, das am Rande des Hagener Mooses liegt. Ein Ausflug lohnt sich auch an die Loisach oder zu dem hinter Laubbäumen versteckten Anwesen Guglhör. Dort werden selten gewordene Rinder-, Pferde- und Schafrassen gezüchtet. Das Brillenschaf, das Rottaler Pferd und das Werdenfelser Rind zählen dazu. Oder man geht in Murnau in den Seidlpark, wo sich einst die feine Münchner Gesellschaft erholte, der mittlerweile aber wieder ein natürliches Aussehen erlangt hat. Konzerte, Ausstellungen und Veranstaltungen jeglicher Art bietet das Kultur- und Tagungszentrum, dem sich ein eindrucksvoller Kulturpark anschließt.

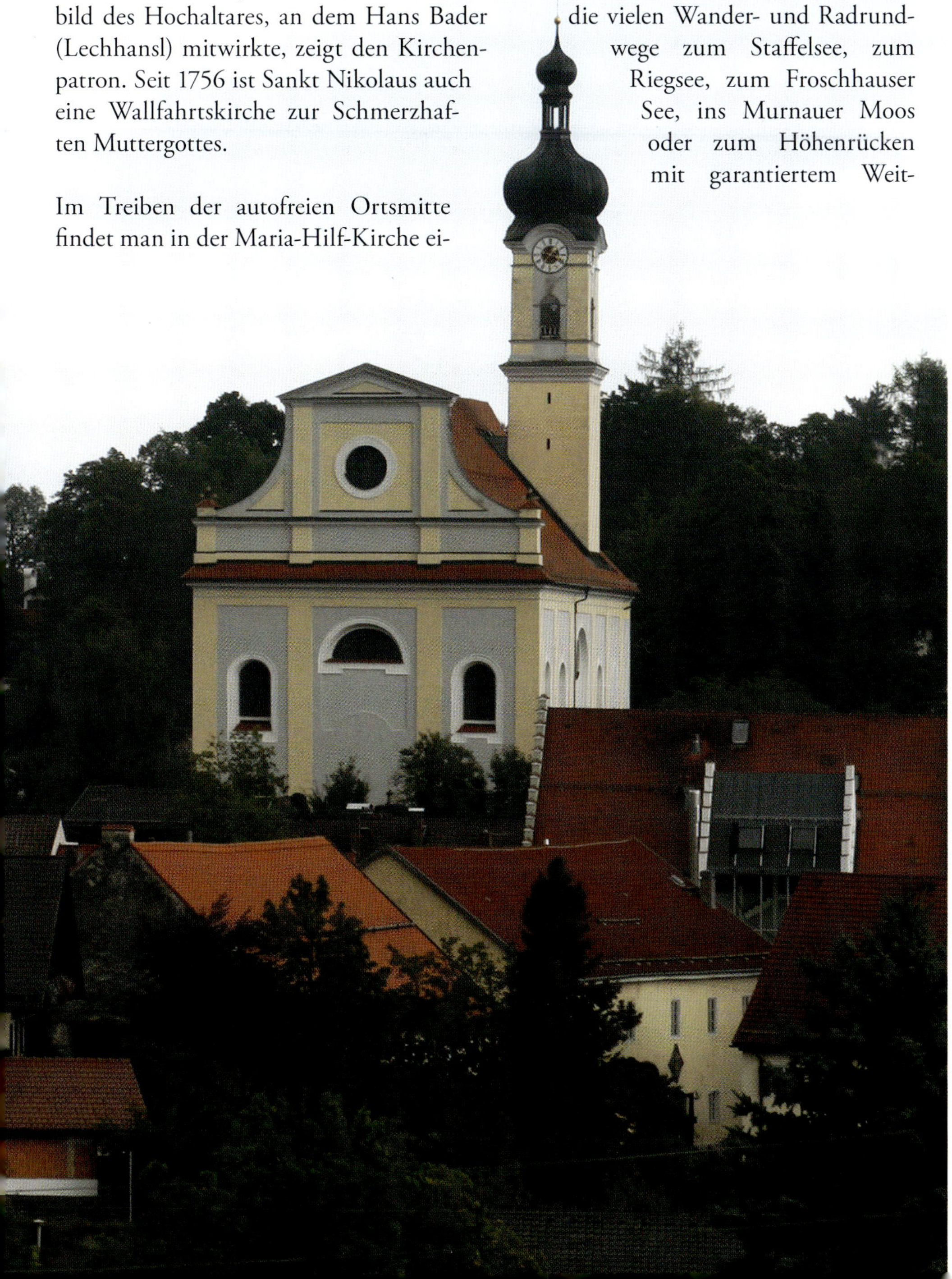

Einen Besuch lohnt auch die Kirche Sankt Anna in Hechendorf. Das Schiff und das Portal des Gotteshauses stammen aus romanischer Zeit. Die gut erhaltenen, spätgotischen Figuren an den Altären und die Darstellung der Kirchenpatronin als Anna Selbdritt, Marias Mutter Anna, die Gottesmutter und das Jesuskind in beiden Armen, sind sehenswert.
Auch im Ortsteil Weindorf sollte man nicht an der Kirche vorbeigehen. Sie ist seit dem Mittelalter dem heiligen Martin geweiht und wurde 1730 bis 1734 mit einem Langhaus versehen. Der ursprüngliche Teil der Kirche dient heute als Altarraum.
Jedes Jahr am 6. November ist die Leonhardskirche in Froschhausen Ziel einer Pferdewallfahrt.

In der Posthalterei in Murnau war König Ludwig II. Stammgast. Auf seinem Weg von München zum Schloss Linderhof kehrte seine Majestät regelmäßig bei der Posthalterfamilie Bayerlacher ein, um ein luftiges Omelett zu genießen. Der sagenumwobene König ist Überlieferungen nach auch zum Kegeln an den Staffelsee gekommen. So soll sich der König manchmal durch den Hinterausgang der Posthalterei im Murnauer Obermarkt davongeschlichen haben, beim Peterskircherl in seine Kutsche gestiegen und nach Hechendorf gefahren sein, wo schon die Wirtsleute Miehle vom Gasthaus „Hoagarten" auf ihren blaublütigen Kegelbruder warteten. Nach dem Tod Ludwigs II. ließ Posthalter Augustin Bayerlacher auf seinem Grundstück an der Kohlgruber Straße ein Ludwig-Denkmal aufstellen. Zum Einweihungsfest am 5. August 1894 sollen 18000 Menschen gekommen sein.

Murnauer Moos

Südlich von Murnau und dem Staffelsee bis hinunter nach Eschenlohe und westlich bis nach Grafenaschau erstreckt sich das Murnauer Moos. Mit 35 Quadratkilometer, zwei Drittel davon ist Naturschutzfläche, ist es das bedeutendste lebende Alpenrandmoor in Mitteleuropa.

Wegen seiner Größe, Tiefe und Geschlossenheit sowie seiner reichhaltigen Tier- und Pflanzenwelt ist das Feuchtgebiet einmalig. Streuwiesen, Nieder- und Übergangsmoore, Quelltrichter, Altwasser, wie der Krebs-, der Schwarz- oder der Moosbergsee, und voll ausgebildete Hochmoore bilden eine vielfältige Naturlandschaft, in der auch heute noch Eiszeitrelikte anzutreffen sind. Hier gedeihen angeblich 946 Pflanzenarten, von denen 164 vom Aussterben bedroht sind. Seltene Orchideen, der Enzian und das Wollgras sind zu finden sowie Binsen, Schwertlilien und Strauchbirken. Im anmutigen Moorgebiet leben Tausende von Tierarten, auch Raritäten, wie der Wachtelkönig und der Weißrückenspecht, sowie unzählige Libellen- und Schmetterlingsarten, Reptilien und Wasserbewohner. Das Moorgebiet ist überdies das reichste Brutvogelgebiet Süddeutschlands. Seit einigen Jahren werden Überlegungen angestellt, das Murnauer Moos als „Nationalpark" unter besonderen Schutz zu stellen.

Das Moorgebiet entstand nach dem Ende der letzten Eiszeit im Stammbecken des Loisachgletschers. Am östlichen Rand des einstigen Gletscherbettes hat sich der Loisachfluss seinen Weg gegraben. Intensive Schutzbemühungen haben eine Entwässerung des Murnauer Mooses weitgehend verhindert. Die unterhalb vom „Ettaler Mandl" bei Schwaigen entspringende Ramsach sammelt als größter Abfluss das aus den Sümpfen sickernde Moorwasser und bringt es in die Loisach.

Moorwirtschaft. Bis in die zweite Hälfte des vorigen Jahrhunderts wurden Moorgras und Schilf von den Bauern als Einstreu genutzt. Einmal jährlich wurden die weniger nassen Flächen gemäht und das magere Schnittgut auf Holzgestellen zum Trocknen aufgehängt. Auch heute zieren mancherorts noch sogenannte „Straadrischen" die kargen, braungrünen Feuchtwiesen. Im Winter stehen sie schneebedeckt wie Zuckerhüte in der Landschaft. Wirtschaftlich eine wichtige Rolle spielte bis in die 1980er

Jahre die Torfgewinnung. Stichkanten, Gräben und verfallene Torfhütten zeugen davon.

Das Moor mit seinen wechselnden Stimmungsbildern zu erkunden, lockt jährlich viele Touristen an. Wie früher die Mitglieder der Gruppe „Blauer Reiter“ kommen heute noch Maler, um die zuweilen von Nebelschleiern verwischte, faszinierende Farbenwelt einzufangen. Erholungssuchende finden zu jeder Jahreszeit auf markierten, streckenweise über Holzsteige führenden Rundwanderwegen Ruhe und Entspannung. Im Frühjahr, Sommer und Herbst, wenn jeweils andere Blüten die Moorwiesen in einen bunten Teppich verwandeln, und im Winter, wenn Moorlachen und -tümpel zugefroren sind. Auch Radler können Moor-Touren unternehmen und so die ruhige und beschauliche Landschaft genießen.

Am eindrucksvollsten erschließt sich das Naturschutzgebiet Murnauer Moos bei einer naturkundlichen Exkursion mit ausgebildeten Moosführern, die nicht nur die schönsten Orchideen- und Enzianplätze wissen, sondern auch die geologische Entstehung des Moores erklären und den Blick auf die Artenvielfalt und auf botanische Besonderheiten lenken. Angeboten werden Kräuterführungen, Vogel-, Pflanzen- und geologische Wanderungen, ebenso Barfuß-Erlebnisse und meditative Moorerfahrungen.

Köchel. *Über 70 Jahre lang, noch bis vor einigen Jahren war der Gesteinsabbau bei den sogenannten Köcheln oder Kögeln (von lateinisch cocula Kopf, Hügel) ein lohnender Erwerbszweig. Die Köchel, eine geologische Besonderheit, sind durch Verkieselung verhärtete Ablagerungen aus der Kreidezeit und bestehen aus Glaukoquarzit, einem grünlichen, harten Sandstein. Als „Härtlinge“ trotzten die bis zu 90 Meter hohen Gesteinsrücken dem Gletscherdruck. Am Moosberg, wo sich einst die Römer hinter Festungsmauern gegen Germaneneinfälle schützten, und am Langen Köchel wurde das Gestein von Arbeitern per Hand abgebaut, per Materialseilbahn quer übers Moos befördert und in den Hartsteinwerken zu Edelsplitt oder Grobschotter gebrochen. Gebraucht wurde der Bruchstein zur Straßenpflasterung, hauptsächlich aber als Gleisschotter. Steine und Schotter wurden über die Loisach und die Isar bis nach München geflößt. Die Abbauflächen werden heutzutage renaturiert. Seit 1994 gilt der Lange Köchel aufgrund seltener geologischer Aufschlüsse als schützenswertes Geotop.*

Das Ähndl

Ein Muss ist die Wanderung mit atemberaubendem Panoramablick von Murnau zum „Ramsach-Kircherl" am Fuß des Murnauer Höhenrückens. Sie ist das älteste Gotteshaus der Gegend und wird von Einheimischen „Ehel" (im Erlengrund) genannt. Bekannter ist die Bezeichnung „Ähndl", was für „die Alte" steht. Vermutlich deswegen, weil hier der Überlieferung nach schon der heilige Bonifatius 750 nach Christus eine Kirche geweiht haben soll. Als Begründer wird allerdings auch der heilige Magnus genannt. An der Stelle des heutigen Altares sollen schon die Kelten mit Opfergaben die Dämonen des Moores besänftigt haben.

Die Kirche mit seiner barocken Turmzwiebel hat eine bewegte Geschichte. In seiner heutigen Form und Ausgestaltung besteht sie seit 1740 und ist dem heiligen Georg geweiht. Das Altarbild zeigt den Nothelfer und Schutzpatron der Ritter hoch zu Roß als Drachentöter, das Deckengemälde erzählt von Georgs Enthauptung unter dem römischen Christenverfolger Kaiser Diokletian und neben dem Altar steht eine gotische Statue des Heiligen. Die älteste Figur

Eine historische Kostbarkeit der Kirche, eine angeblich von Bonifatius eigenhändig aus Eisenblech geschmiedete Haubenglocke, befindet sich als Leihgabe im Murnauer Schlossmuseum. Sie gilt als die sakralhistorisch bedeutendste und älteste Glocke Deutschlands, die iro-schottische Wandermönche Mitte des 8. Jahrhunderts als Handglocke mitbrachten. Sie ist angeblich auch die älteste Kirchenglocke auf dem europäischen Festland.

Die Drachenlegende. *Nordwestlich vom „Ähndl", dort wo das Wasser den Abhang des Höhenrückens zerklüftet, befindet sich die Drachenstichschlucht. Ein grauenhaftes Ungetüm, ein Lindwurm oder ein Drache aus dem Staffelsee soll hier von einem Murnauer Schusterjungen durch List überwältigt worden sein. Er füllte ein Kalbsfell mit ungelöschtem Kalk, nähte zu und warf das Bündel dem gefräßigen Drachen zu. Der stürzte sich unversehens auf den scheinbar leckeren Happen, verschlang ihn und ging daran zu Grunde. Zum Dank, so die Legende, habe er die reiche Tochter des Bürgermeisters zur Frau bekommen – und Murnau den Lindwurm als Wappentier. Der Sage nach soll Murnau früher wegen des scheußlichen Untiers „Wurmau" geheißen haben.*

im Gotteshaus ist eine Muttergottes mit Kind über dem Hochaltar, die vermutlich um 1350 geschaffen wurde und vom Kloster Ettal stammt. Die Glaslüster kommen aus der ehemaligen Glashütte in Grafenaschau. Die beiden Rosenstöcke am Altar sind Gebinde aus Federn, eine der wenigen, die von diesem ehemaligen Kunstgewerbe noch erhalten sind. Gestecke und Blumenbilder aus gefärbten Federn brachten den heimischen Herstellern im 18. Jahrhundert respektable Einnahmen. Die Kirche und das Mesnerhaus daneben, in dem Ausflügler heute im beliebten „Ähndl" Rast machen, waren früher von drei Höfen umgeben, von denen aber nichts mehr zu sehen ist. Hierher in die Einsamkeit am Moosrand brachten die Murnauer ihre Pesttoten und noch bis 1971 wurden hier die Moosanteile an die Bauern auf jeweils zehn Jahre verlost. Ein wahres Volksfest soll das immer gewesen sein. Da mit der letzten Verlosung die Nutzung auf Dauer vergeben wurde, ist dieser Brauch verloren gegangen. Alljährlich treffen sich die St. Georgsritter im Ramsach-Kircherl zu einer alpenländischen Adventsfeier.

Seehausen

Für den Schriftsteller Ödön von Horváth war Seehausen, das romantische Fischerdorf am Staffelsee, „der schönste Platz am nördlichen Rand der bayerischen Alpen". Zum Ort mit seinen alten, schmucken Bauernhäusern, die teilweise von farbenfrohen Lüftlmalereien geziert sind, gehört der gesamte Staffelsee mit seinen sieben Inseln. Das 300 Meter lange Strandbad mit seiner großen Liegewiese wird „Seehauser Riviera" genannt. Zum Gemeindegebiet gehören die Dörfer Riedhausen, Rieden, Seeleiten sowie als kleinster Ortsteil die bewohnte Insel Wörth im Staffelsee. Mit Riegsee und Spatzenhausen ist Seehausen zu einer Verwaltungsgemeinschaft vereint.

Der Name Seehausen leitet sich von „Sehavsen" ab, die Grundworte „hus" für Haus und „se" für See weisen schon früh auf die Lage am See hin. Auf der Insel Wörth haben schon die Römer Spuren hinterlassen und auch die Menschen der Bronzezeit nutzten den Schutz der Insel. Reste einer Schutzmauer zur Abwehr der Germanen zeugen von einer Siedlung der ländlichen Bevölkerung. Man vermutet, dass zur Römerzeit die ersten Bauwerke auf dem Festland entstanden. Im 8. Jahrhundert kam es zur Gründung des Klosters Staffelsee, das im 11. Jahrhundert aufgelöst wurde. Seehausen wird zum ersten Mal um 650 genannt. Ab 1330 gehörte der Ort zum Kloster Ettal. Die Dorfbewohner lebten damals vor allem von der Landwirtschaft. Viele verdienten sich im Nebenerwerb zum Beispiel als Zinngießer, Kistler oder Essigsieder etwas dazu. Dreizehn Familien hatten auch ein Fischrecht, waren aber dem Kloster Ettal abgabenpflichtig. 1773 wurde die Inselpfarrkirche in den Ort überführt.

In dem Erholungsort, an dem auch ambulante Moorkuren angeboten werden, sind Rundfahrten auf dem Staffelsee möglich. Neben der jährlich größten Attraktion auf dem See, der Fronleichnamsprozession, die mittlerweile Scharen von Menschen anlockt, erfreut sich das Seehausener Fischerstechen an Mariä Himmelfahrt zunehmender Beliebtheit. Zahlreiche Seefeste und Kurkonzerte, Brauchtumsabende und „kulinarische Sommerfrischen" bieten dem Urlauber neben herrlichen Wandermöglichkeiten mit Blick auf das Alpenpanorama, auf den See oder ins Murnauer Moos immer wieder Abwechslung.

Im Heimatmuseum Seehausen wird die Geschichte der Insel Wörth, der Fischerei und der bäuerlichen Kultur dargestellt. Ebenso sind Hinterglasbilder und Trachten zu sehen.

Hinterglasmalerei. *Bekannt wurde Seehausen auch durch die Hinterglasmalerei. Im 18. Jahrhundert kam diese Kunst durch die Familien Kirchmeir und Noder in den Ort und wurde von der Familie Gege bis Ende des 20. Jahrhunderts weitergeführt. Auch Gabriele Münter ließ sich hier in der Kunst der Hinterglasmalerei unterrichten.*

Staffelsee

Jenseits des Murnauer Bergriegels hat sich in einem Gletscherbecken der Staffelsee gebildet. Der moorige, flache Staffelsee gehört mit seinen sieben Inseln zur Gemeinde Seehausen, die Nachbargemeinden Murnau und Uffing können lediglich über Uferstreifen verfügen. Der Staffelsee ist wunderschön eingebettet in eine grüne Hügellandschaft, von der große Teile in das Landschaftsschutzgebiet Staffelsee fallen, durch das sich auch die Ach und der Tannenbachfilz als Zu- und Abfluss des Sees schlängeln. Der Staffelsee ist eines der wärmsten Gewässer des Voralpenlandes. Im Frühsommer ist er schnell erwärmt. Im Winter tummeln sich Eisläufer, Eishockeyspieler und Eisstockschützen darauf. Zwischen den Anliegergemeinden verkehrt das Fahrgastschiff MS Seehausen. Über die Grenzen Bayerns hinaus bekannt geworden ist der Staffelsee durch die seit 1935 an Fronleichnam stattfindende Seeprozession. Der 22 Kilometer lange Staffelsee-Rundweg bietet einzigartige Ausblicke auf die Bergkulisse und führt durch abwechslungsreiche Landschaften. Mit Elektro-, Tret- und Ruderbooten lässt sich der See im Sommer erkunden.

Insel Wörth. Die Insel Wörth ist die größte und einzig bewohnte. Sie gehört zur Gemeinde Seehausen und wird landwirtschaftlich genutzt. Seit 2005 verhindert eine Herde rückgezüchteter Heckrinder als „natürliche Rasenmäher“ das Verbuschen. Auf der Insel gibt es ein Schloss sowie die Simpert-Kapelle (778 bis 807 Bischof von Augsburg). Diese wurde 1836 im neoromanischen Stil errichtet, nachdem die Vorgängerkirche 1773 abgetragen und in Seehausen wieder als Pfarrkirche St. Michael aufgebaut worden war. Nach einer aufwendigen Renovierung wurde sie 1999 wieder eröffnet. Um die Kapelle zieht sich ein archäologischer Park mit Tafeln, die über die zweitausendjährige Geschichte der Insel informieren. Grabungen wiesen nach, dass die Insel schon in römischer Zeit besiedelt war. Im 8. Jahrhundert wurde das Kloster Staffelsee gegründet, das im 11. Jahrhundert wieder aufgelöst wurde.

Die zweifellos bedeutendste Hinterlassenschaft des Klosters ist das sogenannte Inventar, der „Codex Helmstadensis 254", der in der Herzog-August Bibliothek in Wolfenbüttel aufbewahrt und als karolingisches Güterverzeichnis eingestuft wird. In der Handschrift sind neben dem Inventar des Klosters und der früheren Kirche die Lehen und geschenkten Güter des Klosters Weißenburg verzeichnet. Das Inventar öffnet auch den Blick in die damalige Bibliothek, also in die Schatzkammer des Klosters.

Im Sommer 2003 wurden an alten Stegpfosten einer alten Brücke von Seehausen über St. Jakob auf die Insel Wörth Süßwasserschwämme entdeckt, die in Europa nur selten vorkommen. Andernorts werden die Schwämme nur 30 Zentimeter groß, im Staffelsee hingegen erreichen sie Mannesgröße.

Auf der Buchau, der zweitgrößten Insel, gibt es einen Campingplatz für Zelte mit Kiosk und Sanitäranlagen. Ab Seehausen ist die Insel mit der MS Seehausen erreichbar.

Die Große Birke, die drittgrößte Insel, hat ebenfalls einen kleinen Zeltplatz. Sie ist nur mit Booten erreichbar.

Die Halbinsel Lindenbichl liegt am westlichen Seeufer 300 Meter westlich der Nordspitze der Insel Buchau. Sie war früher eine Insel und ist heute nur durch einen weniger als 50 Meter breiten, unbegehbaren Moorstreifen mit dem Festland verbunden.. Die Halbinsel ist mit einem kleinen Motorboot zu erreichen. 500 Meter weiter nördlich, jenseits der Halbinsel am nördlichen Westufer, befindet sich der große Zeltplatz Aichalehof.

Die Halbinsel Burg schließt sich westlich an den Ortsteil Riedhausen der Gemeinde Seehausen am südlichen Ostufer an. Darauf befindet sich ebenfalls ein Campingplatz.

Ohlstadt

Ohlstadt begrüßt seine Gäste als Fremdenverkehrsort am Fuße des Heimgartens. Zur Gemeinde zählen die Siedlungen Bartlamühle, Buchenried, Kleinaschau, Pömetsried, Schwaiganger und Weichs. Mit den Gemeinden Eschenlohe, Großweil und Schwaigen bildet Ohlstadt eine Verwaltungsgemeinschaft. Im Westen des Ortes fließt die Loisach vorbei und dahinter breitet sich das Murnauer Moos aus. Südöstlich auf einem Felsvorsprung stand einst die Veste Schauenburg, die älteste Höhenburg des Loisachtales. Eine Urkunde aus dem 11. Jahrhundert bezeugt erstmals diese Burg. Im Jahre 1413 wurde sie zerstört. Wenig später soll sich in der Burgruine ein Raubritter eingenistet und den Warenzügen auf der Handelsstraße aufgelauert haben. Er soll damals einen Goldtransport ausgeraubt und den Schatz am Heimgarten versteckt haben, der aber nie gefunden wurde. Als 1766 die Frau eines Hirten in einem Bach Goldstücke gefunden hatte, brach angeblich ein Goldrausch aus. Gefunden wurde dabei und auch bei späteren Expeditionen nichts. Hinter drei Suchaktionen im Jahre 1947 soll sogar der amerikanische Geheimdienst gesteckt haben.

Erstmals erwähnt wird der Ort in einer Schenkungsurkunde aus dem Jahr 835, mit der ein Alprich und eine Imma sowie deren Sohn, Diakon Zotto, ihren Besitz zu „Auwolfstetin“ dem Kloster Schlehdorf übereignen. Der Ortsname leitet sich vom Altdeutschen „stat“ (Stätte, Stelle) und vermutlich vom Personenamen „Auwolf“ ab. Bodenfunde, wie die „Schauenburger Scherben“, belegen Siedlungen ab der Mittleren Bronzezeit. Der Herrschaftsbezirk um die Burg entwickelte sich im Mittelalter zur „Hofmarch Ollstadt“, die 1493 von den Schlehdorfer Mönchen gekauft und bis zur Säkularisation verwaltet wurde.

Milch- und Viehwirtschaft bestimmten die Lebensverhältnisse in Ohlstadt über Jahrhunderte. Im 18. Jahrhundert kam Forstwirtschaft hinzu. Über 600 Jahre lang bis 1953 war Ohlstadt ein Zentrum der Wetzsteinmacherei. Auf dem Freilichtmuseum Glentleiten wird daran erinnert. Bis 1939 wurde auch Kalk gebrannt. Das Gestein wurde aus den nahen Bergen gebrochen. Für kurze Zeit wurde in Buchenried auch Braunkohle abgebaut.

St. Laurentius. *Die Pfarrkirche im barocken Stil mit halbrundem Chor und Zwiebelturm wurde 1762 errichtet, nachdem die Vorgängerkirche abgebrannt war. Baumeister war Josef Schmuzer aus Wessobrunn. Das Altarbild von Franz Zwinck (1791) stellt die Verherrlichung des Märtyrers dar.*

Weltberühmt wurde Ohlstadt durch seine erfolgreichen Bobsportler, die olympische Medaillen, Welt- und Europatitel heimholten. Anfang der 50er Jahre entstand die erste Bobbahn des Ortes. 1968 fand die erste Deutsche Meisterschaft in Ohlstadt statt. Für deutsche und internationale Bobfahrer wurde 1982 eine Anschubbahn zum Trainieren errichtet.

In Ohlstadt begegnet man dem Wirken namhafter Persönlichkeiten. Max Beckmann, Ludwig Ganghofer, Ludwig Thoma, Luise Rinser und Richard von Kühlmann waren zu Gast oder verbrachten einen Teil ihres Lebens im Dorf.

Kaulbach-Villa

Kaulbach-Villa. Der Maler Friedrich August von Kaulbach (1850 bis 1920) erbaute 1893 die Kaulbachvilla, die ihm als Zweitwohnsitz bis zu seinem Tod diente. Sein Atelier ist heute Museum, in welchem Kaulbachs Leben und Arbeitsweise dargestellt werden. Im Haus ist auch ein Dorfmuseum untergebracht, das über die Ortsgeschichte informiert. Kaulbach, einer der letzten großen Portraitmaler des ausgehenden 19. Jahrhunderts, wurde 1882 Ehrenmitglied der Akademie der bildenden Künste und 1885 bekam er den Titel „Ritter von Kaulbach“ zugesprochen. Um der höfischen Enge zu entgehen, suchte er im bayerischen Voralpenland nach Ruhe und Motiven. Als in Ohlstadt eine Jagdpacht frei wurde, griff „Ritter von Kaulbach“ zu. Modell standen ihm unter anderem Prinzregent Luitpold von Bayern, die Zarenfamilie sowie die Tänzerinnen Isadora Duncan und Madame Madeleine. 1919 wurde Kaulbach Ehrenbürger von Ohlstadt. In einer Gruft im Friedhof von St. Laurentius fand er seine letzte Ruhestätte.

Seit 1954 der Sohn des Malers Max Beckmann, Peter Beckmann, die „Ohlstadtkur“ im ehemaligen Gasthof „Drei Linden“ einrichtete, kommen Herz- und Kreislaufpatienten zur Rehabilitation. Die angewandte „Terrainkur“, die sich an den Therapien von Pfarrer Kneipp orientiert, wurde zum Modell für viele Kuranstalten. 1957 zog der Arzt ins neu erbaute Haus der Landesversicherungsanstalt Unterfranken um. 1997 wurde die Kur auf die Orthopädie erweitert

In der „Bartlmämühle“, wo er einen „Möbl-Stadl“ betreibt, hat Armin Krattenmacher das erste deutsche „Pumuckl-Museum“ eingerichtet. Begeistert vom rothaarigen Kobold sammelte der Schreinermeister alles an Büchern, Kassetten, Bildern, Figuren und Fanartikeln. Zu sehen sind auch Nachbauten der Schiffsschaukel und von Pumuckls Bettchen. Es werden Erinnerungen wach an Gustl Bayerhammer als Schreiner und an Hans Clarin, der dem Kobold die Stimme gab.

Die Boschetkapelle im Süden von Ohlstadt wurde zu Ehren des „Heilands in der Ruh“ erbaut, aus Dankbarkeit dafür, dass die Schweden im Dreißigjährigen Krieg das Dorf verschonten. Als im Jahre 1874 auf der Wankalm der Milzbrand ausbrach, versammelten sich die Ohlstadter Bauern und gelobten, alljährlich zum 14. September (Kreuzerhöhungsfest) einen Bittgang zur Kapelle abzuhalten, wenn sie vom Milzbrand erlöst würden. Nachdem die Seuche abklang, wurde die Erfüllung des Gelöbnisses Teil des örtlichen Brauchtums.

Sehenswert ist auch die sogenannte Josefskapelle im Westen des Ortes. Die überbreite Säule mit einer Abbildung der heilige Familie wurde von Heinrich Bickel bemalt. Im Ortsteil Weichs steht eine der ältesten Kirchen des Voralpenlandes. Sie ist dem heiligen Georg geweiht. Schon 740 nach Christus soll das „Kircherl“ bestanden haben. Der heutige Chor stammt aus dem Jahr 1607, das Kirchenschiff steht vermutlich seit 1665.

Das Fieberkircherl wurde gebaut, weil infolge eines Gelübdes die Pest endete, die 1634 von spanischen Soldaten eingeschleppt worden war. 114 von 450 Einwohnern sollen damals gestorben sein.

Die Hagrainkapelle wurde im Jahre 1765 im Nordosten des Ortes errichtet. Die Altarfigur stellt den gegeißelten „Heiland in der Wies“ dar. Die Kapelle ist St. Stephanus, dem Patron der Wetzsteinmacher, geweiht. Vor Beginn ihrer gefährlichen Arbeit im nahen Steinbruch verrichteten die Wetzsteinmacher hier ein Gebet.

Neben den Sehenswürdigkeiten bietet die Gegend Wander- und Radwege in alle Richtungen mit herrlichen Ausblicken, entlang der Loisach oder hinüber zum Murnauer Moos, zum ehemaligen Wetzsteinbruch, zu einem Wasserfall, an dem das Wasser über 60 Meter in die Tiefe stürzt, oder zum Haarsee. Bergfexen zieht es ins Estergebirge, auf den Heimgarten mit Gratwanderung zum Herzogstand, auf den großen Illing, auf den Rötelstein und auf den Rotwandkopf. Im Winter werden Loipen gespurt und für Anfänger und Kinder gibt es einen Schlepplift. Nach der sportlichen Anstrengung kann man sich im Solar-Warmfreibad erholen.

Die Sage von der Teufelssäule. *Von einer Legende umsponnen ist die marmorne Teufelssäule, die unweit vom Fieberkircherl im Norden des Ortes steht. Danach lag 1668 ein Ohlstadter Bürger im Sterben, woraufhin der Mesner ins Kloster Schlehdorf eilte, um geistlichen Beistand zu holen. Als Pater Franz Paul daraufhin nach Ohlstadt ging, umgab ihn am helllichten Tag am Standort der Säule plötzlich eine Dunkelheit, die kein menschliches Auge zu durchdringen vermochte. Weil er keinen Ausweg mehr wusste, flehte der Pater die heilige Jungfrau Maria an, ihn aus der Dunkelheit zu führen und gelobte, eine Gedenksäule zu errichten, wenn der Spuk aufhöre. Ab dann wies ihm ein Wunderbild von Maria den Weg.*

Murnau-Werdenfels-Rind

Schwaiganger hat sich neben der Aufzucht und Weiterentwicklung von Pferden auch die Erhaltung bedrohter Tierarten auf die Fahnen geschrieben. In Zusammenarbeit mit dem Institut für Tier- und Erhaltungszucht werden zum Beispiel Rottaler Pferde, Brillenschafe, Alpine Steinschafe, Schwarze und Weiße Bergschafe in Reinzucht gehalten, um die Rassen vor der Ausrottung zu bewahren. Ganz wichtig ist den Schwaigangern auch, zur Erhaltung des Murnau-Werdenfelser Rindes einen Beitrag zu leisten. Das robuste Rind mit gut belastbarem Fußwerk stammt, wie der Name andeutet, aus der Region. Wegen der hohen Belastbarkeit war das genügsame Rind sowohl in Sumpf- und Feuchtgebieten als auch in Hanglagen anderen Rassen überlegen. Die gängigen und schweren Zugochsen machten die Murnau-Werdenfelser Rasse auch über ihr Ursprungsgebiet hinaus bekannt. Heute gibt es nur noch wenige hundert Tiere. Das Bayrische Staatsministerium für Landwirtschaft und Forsten hat die alte, lokale Landrasse als „Kulturgut" eingestuft und begann 1976 auf dem Gestüt Schwaiganger eine Genreserve in Form einer Mutterkuhherde anzulegen.

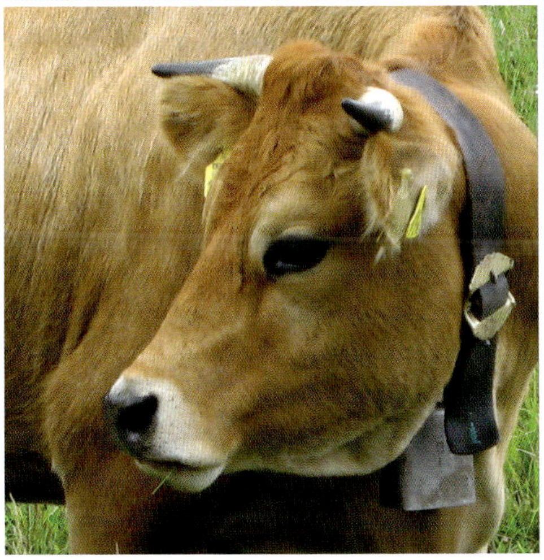

Murnau-Werdenfelser

Gestüt Schwaiganger

Am Fuße des Heimgartens, zwischen Kochelsee und Murnauer Moos in der Gemeinde Ohlstadt, liegt das Gestüt Schwaiganger, dessen Geschichte urkundlich bis 955 zurückreicht. Seit mehr als 1000 Jahren werden dort Pferde

gehalten. Auf 450 Hektar Wiesen- und Weidenflächen grasen edle Zuchthengste, Warm- und Kaltblutstuten bringen ihre Fohlen zur Welt und bei etwas Glück kann man eine über die Wiese stiebende Haflingerherde beobachten. Das Gut war ursprünglich in adeligem Besitz und ging 1493 ans Kloster Schlehdorf. Von 1780 bis 1790 war die „Schwaige Anger" die Sommerresidenz von Herzogin Maria Anna, einer Schwester von Kurfürst Maximilian III. Aus dieser Zeit stammen das Hauptgebäude, an dem eine Sonnenuhr mit einem Medaillon der Herzogin an die Zeit erinnert, ein großzügig angelegter Flügelbau sowie das Tanzhaus. Von 1808 bis 1918 war das Anwesen Fohlenhof und Remontedepot für das Militär. 1920 übernahm der Bayerische Staat das Gestüt. Nach dem Zweiten Weltkrieg wurde in Schwaiganger mit der Aufzucht von Haflingerhengsten und 1963 mit dem Aufbau einer Warmblutstutenherde begonnen, der 1970 eine Haflingerstutenherde folgte. Seit 1980 ist Schwaiganger Bayerns Haupt- und Landgestüt und 2004 wurde das Gut als Lehr-, Versuchs- und Fachzentrum für Pferdehaltung in die Bayerische Landesanstalt für Landwirtschaft eingegliedert. Seither hat sich aus dem reinen Gestütsbetrieb ein Dienstleistungs- und Fachzentrum für Pferde entwickelt.

Schwaiganger bietet von Mai bis Oktober Führungen an, für Gruppen auch ganzjährig. Einmal im Jahr, im September, findet eine Art Tag der offenen Tür mit großem Festprogramm und einer sehenswerten Gestütsparade statt.

Uffing

Der idyllische Ort reicht im Norden und im Westen bis zum Ufer des Staffelsees. Eine Badeanstalt, Wassersportmöglichkeiten und eine Anlegestelle für Motorschiffe machen Uffing zu einem begehrten Urlaubsort. Teil der Gemeinde ist das Dorf Schöffau. Uffing wird schon im Jahr 739 als Stiftungsgut des Klosters Benediktbeuern erwähnt. Ortsteile waren im Frühmittelalter auch in Besitz von Kloster Staffelsee. Der Ortsname geht auf den Personennamen „Uffo" zurück. Anlässlich der 1250-Jahr-Feier in Uffing 1989 wurde eine Chronik veröffentlicht, in der über Hunnenlager auf den Staffelseeinseln berichtet wird.

Wirtschaftlich war der Ort hauptsächlich auf Land- und Forstwirtschaft beschränkt. Gegen Mitte des 18. Jahrhunderts blühte Uffing aber auf und es wurde reger Handel mit Holzschnitzereien und Hinterglasmalereien betrieben. Kraxenträger brachten die Waren ins Ausland und es entstanden in Madrid, Petersburg und Amsterdam Handels- und Wechselhäuser, die von Uffinger Familien betrieben wurden.

***Heimatmuseum.** Seit einigen Jahren gibt es in Uffing ein Heimatmuseum. Zahlreiche Gegenstände wurden über Jahrzehnte von Dorfbewohnern gesammelt und geben nun einen Einblick in die früheren Uffinger Lebensumstände. Im ersten Stock ist eine Dauerausstellung über handwerkliche und bäuerliche Geräte aus Uffing und Schöffau zusammengestellt. Im Erdgeschoss finden Wechselausstellungen statt und eine Dauerausstellung zeigt Werke Uffinger Künstler.*

Zur Uffinger Geschichte gehört auch die Festnahme von Adolf Hitler. Nach seinem vereitelten Putsch am Abend des 8. November 1923 im Münchner Bürgerbräu-Keller, wo es zum legendären Pistolenschuss in die Decke gekommen war, und dem Marsch auf die Feldherrnhalle tags darauf, flüchtete Hitler nach Uffing in das Haus des Sohnes von Ernst Franz Hanfstaengl, einem der Bildungsbürger, der Hitler zugeneigt war. Dort wurde der Gründer der NSDAP am Abend des 11. November festgenommen und nach Landsberg ins Gefängnis gebracht.

St. Agatha. Möglicherweise stand schon im Jahre 808 in Uffing eine Kirche. Das geht aus einer Urkunde hervor, in der auf einen Rechtsstreit über die Kirchengüter von St. Martin in Uffing Bezug genommen wird. 1392 werden zwei Uffinger Kirchen, St. Agatha und St. Gregor, genannt und 1480 wird St. Agatha von den Edlen von Tafertshofen neu gebaut. 1650 ist die Kirche dem Andrang der vielen Wallfahrer nicht mehr gewachsen und wird vergrößert. 1770 bis 1787 bekam St. Agatha ihr heutiges Aussehen in spätem Rokoko. Paul Zwink fertigte die Altäre, die Schnitzfiguren werden Franz Xaver Schmädl oder seiner Werkstatt zugeschrieben. Die Innenausstattung ist „St. Agatha – Ein Heiligenleben in Bildern", das Johann Sebastian Troger mit Deckenfresken darstellt.

St. Anna in Schöffau. Die Kirche dürfte errichtet worden sein, weil der Gottesdienstbesuch auf der Insel Wörth weit und beschwerlich war. Den frühesten schriftlichen Beleg liefert ein Mirakel-Blatt aus dem Jahr 1517. Von der Baugeschichte ist nur bekannt, dass bei einem verheerenden Brand in Schöffau 1552 die Kirche teilweise zerstört wurde. Aus Überresten dieser gotischen Kirche (14. oder 15. Jahrhundert) bestehen heute noch die Hauptmauern des Chores, Teile des Langhauses und des Turmes, der 1621 im Renaissance-Stil errichteten Folge-Kirche. In Figuren wird die Heilige Sippe dargestellt und Deckenfresken thematisieren den „Freudenreichen Rosenkranz". Das älteste Kunstwerk ist an der linken Langhauswand das „Gnadenbild" einer thronenden Madonna mit Kind. Den Hochaltar schuf vermutlich Paul Zwink aus Uffing. Das Tabernakelbild (Jünger von Emmaus) malte Hedwig Schedler-Simet aus Murnau. Ein Kunstwerk sind die geschnitzten Backen der Betbänke.

Im Rahmen der 1250-Jahrfeier wurde nordwestlich der Kapelle im oberen Friedhof, die dort errichtet wurde, wo früher einmal die zweite Uffinger Kirche St. Gregor stand, ein Ableger der Wessobrunner Tassilolinde gepflanzt.

Von Uffing aus lässt sich das Obernacher Moos gut erwandern. Allerdings ist es nur für wenige Monate für Wanderer offen. Das Moos mit seinen tiefen Moorstellen ist ideales Brutgelände für Vögel und gilt als eine der reizvollsten Flecken entlang des Staffelsees.

Eglfing

Eglfing liegt abseits und doch mittendrin! Zwischen Staffelsee und Riegsee vor der prächtigen Kulisse des Alpenpanoramas gelegen, sieht sich die Gemeinde dem Blauen Land und dem Pfaffenwinkel zugehörig. Als unverfälschtes Dorf, zu dem Ober- und Untereglfing sowie Tauting und der Weiler Heimgarten gehören, präsentiert sie sich als idealer Ausgangspunkt für Wanderungen, Spaziergänge und Ausflüge zu den Sehenswürdigkeiten der Umgebung. Der Ortsname leitet sich von den Agilolfingern ab. Im Jahre 807 wird die Ansiedlung eines Egilolfs oder Agilolfs aus dem ersten bayerischen Adelsgeschlecht erwähnt. Der Ort war Thingplatz, also Richtstätte. Grabfunden zufolge war die Landschaft schon in der Bronzezeit (Anfang 2000-1250 v. Chr.) und in der Hallstattzeit (ca. 750-450 v. Chr.) Siedlungsraum. Tauting, Obereglfing und Untereglfing entstanden an der alten Römerstraße, die von Augsburg über den Brenner nach Verona führte. Vom 11. bis zum 14. Jahrhundert hatte das Rittergeschlecht der Egolfinger seinen Sitz in der Flur „Gstoag", etwa einen Kilometer vom heutigen Ortszentrum entfernt. Die Wallanlage ist heute noch erkennbar. Von 1470 bis 1640 war ein Großteil von Eglfing im Besitz der Familie Tafertshofer, die auch in Uffing ansässig war.

Ab Mitte des 18. Jahrhunderts bereisten Eglfinger wie die Uffinger als Kraxenträger mit Besonderheiten aus der Staffelseeregion (Holzschnitzereien, Hinterglasbilder) das Ausland, betrieben Handels- und Wechselhäuser und kamen so zu Wohlstand. In ihrer Heimat unterstützten sie die Armen in der Gemeinde mit Stiftungen und Schenkungen. Sie ließen die Pfarrkirche neu ausstatten, den Pfarrhof herrichten, der heute als einer der schönsten Oberbayerns gilt, und ein Schulhaus bauen.

Freskenhof. Als kulturhistorisches Juwel und Erinnerung an die erfolgreiche Kraxenträgerzeit gilt der Freskenhof, das ehemalige Bürgermeisterhaus von Joseph Dichtl, der sich als Händler und Großbankier in St. Petersburg und Moskau unter Katharina der Großen verdient gemacht hatte. Eine Marmortafel an der Fassade erinnert mit den Worten: „Ehemaliger Wohnsitz der russischen Kaufleute Joseph und Fany Eleonora Dichtl, geb. Chanard aus Moskau, gestorben 1789, Communitatis Eglfingensis magni Benefactores" an die Kaufmannsfamilie. Im Alter hatte es den Händler wieder in die Heimat verschlagen und er baute im Geburtsort Eglfing ein Haus mit Fresken über dem Eingang, die den Jünger Johannes als Evangelist, Maria Immaculata und die heilige Ottilie in Medaillons abbilden, mit Malereien zur Straßenseite hin, einem großzügigen Treppenhaus, breiten Fluren und hohen Räumen mit Stuckdecken. 1970 erwarben die Restauratoren Toni und Renate Mack den Freskenhof und es wurde ein Förderverein gegründet. Heute prägt der Freskenhof wie früher das Ortsbild von Eglfing. In dem historischen Gebäude wird eine Begegnungs- und Informationsstätte für Fragen von Kunst, Kultur und Denkmalpflege mit umfangreicher Fachbibliothek eingerichtet.

St. Martin Obereglfing. Erstmals 807 nach Christus genannt, war sie vermutlich eine „Eigenkirche" der Egolfinger, die hier eine geschlossene Hofmark besaßen. Eine alte Zuckerhutglocke weist auf eine frühe Kirche hin. Im 18. Jahrhundert wurde sie zu einer

Saalkirche umgebaut. Die spätgotischen Figuren am Hochaltar wurden aus der früheren Kirche übernommen. Der Hochaltar ist seit jeher dem heiligen Martin geweiht. Mit ihrer glanzvollen Rokokoausstattung, den Deckengemälden und dem Wessobrunner Stuck gilt die Kirche als Schmuckkästchen. Die beiden flankierenden Holzskulpturen am Hochaltar von Sankt Nikolaus und von Johannes dem Täufer wurden im 16. Jahrhundert gefertigt.

Maria im Thal in Untereglfing. Die Kirche war ursprünglich eine Art Tempel, zu welchem schon die Agilolfinger pilgerten, die große Marienverehrer waren. Zu späterer Zeit sollen sogar aus Tirol Pilger gekommen sein und in einer „Herberge" in Untereglfing Unterkunft gefunden haben. Aus dem Jahre 1666 ist ein Aufleben von Bittgängen überliefert. Der „Schauerfreitag" (Freitag nach Christi Himmelfahrt), fand noch bis zum Jahre 1956 statt, während die großen Prozessionen zum Gnadenort im Jahre 1847 eingestellt wurden. Die heutige Kirche ist barockisiert auch wenn der Hochaltar frühklassizistisch wirkt. Auf ihm steht ein Gnadenbild von Maria im Barockstil. Das eigentliche Kleinod der alten Wallfahrtsstätte, die „Maria vom Thal", stammt aus dem 12. Jahrhundert.

St. Benedikt in Tauting. Die Kirche wird erstmals im 11. Jahrhundert erwähnt. Der jetzige Innenausbau, gemäß Kunstführer in bäuerlich eigenwilliger Gotik, stammt aus dem 16. Jahrhundert. An der Außenseite der Sakristei ist ein Stein mit dem Bild des Heiligen Benedikt eingelassen. Der frühere Schlussstein stammt aus dem 16. Jahrhundert. Bemerkenswert ist der Kreuzweg mit volkstümlichen Darstellungen aus der 1. Hälfte des 18. Jahrhunderts.

Heimatmuseum. Seit Oktober 1999 arbeitet ein Verein erfolgreich am Aufbau eines Heimatmuseums. Glanzstück darin ist eine alte, bespannte Pferdespritze, die von 1922 bis 1940 in Eglfing im Feuerwehreinsatz war. Das Museum lädt zu einem historischen Spaziergang durch die Ortsgeschichte ein und gewährt Einblicke in das Landleben früherer Zeit.

Auch wenn nicht genau bekannt ist, wo auf Eglfinger Flur die Römerstraße verlief -nur der Damm der Hadergasse ist belegt-, erinnert ein sogenannter „Römerstein" an diese Zeit. Der mit altrömischen Motiven gestaltete Glaukonit-Stein stammt vom Moosberg, wurde von der Eglhofener Familie Lechner gestiftet und am 8. Juli 1990 in der Dorfmitte beim Maibaum gesetzt.

Großweil

Großweil ist eine kleine, ländliche Urlaubsgemeinde an der Loisach zwischen Murnau und Kochel und Mitglied in der Verwaltungsgemeinschaft Ohlstadt. Zum Gemeindegebiet gehören noch Kleinweil und Zell, die Weiler Pölten, Stern und Gröben sowie das beliebte Freilichtmuseum an der Glentleiten. Der Ortsname wird auf das lateinische Wort Villa (Landgut) zurückgeführt. Die Unterscheidung Großweil und Kleinweil rührt von den Größenverhältnissen her. Seelsorgerisch wird die Gemeinde vom katholischen Pfarramt Schlehdorf betreut. Landestypische Ortskirchen laden in Großweil, Zell und Kleinweil zu Gottesdiensten und zum Verweilen in ruhiger Atmosphäre ein. Das Gotteshaus in Großweil ist dem heiligen Georg geweiht. Es ist im Kern spätgotisch und wurde später barockisiert. Der Turm und der Verlängerungsbau stammen aus dem Jahr 1835. Das kulturelle Leben und die Brauchtumspflege wird in der Gemeinde überwiegend von den örtlichen Vereinen gestaltet.

Wie die gesamte Staffelseeregion einschließlich der Insel Wörth war auch das Gemeindegebiet von Großweil schon zur

Römerzeit Siedlungsgebiet. Auf der Loisach wurde schon bald die Flößerei intensiv betrieben, auch wenn der landwirtschaftliche Broterwerb vorherrschte. Manche Bewohner verdienten sich ihren Lebensunterhalt in neuerer Zeit auch in den Marmorbrüchen und im bis 1962 auf dem Gemeindegebiet florierenden Schieferkohlebergbau. Ein Torbogen aus Beton an der Murnauer Straße, der 1917/18 als Schutzbau für die Förderseilbahn des ehemaligen Braunkohlebergwerks errichtet wurde, erinnert an diese Zeit. In Spitzenzeiten 1920/21 arbeiteten dort bis zu 280 Arbeiter im Zweischichtbetrieb. Die Kohle wurde zunächst im Tagebau und später Untertage abgebaut. Verwaltungsmäßig war Großweil bis 1818 dem Rentamt München und dem Landgericht Weilheim im Kurfürstentum Bayern zugeordnet.

Die schöne Landschaft ist aufgelockert mit kleinen Seen, Moor- und Wiesenlandschaften. Beliebte Wanderberge, wie der Heimgarten und der Herzogstand, sind auf kurzen Wegen zu erreichen. In Großweil gibt es ein Naturfreibad mit schöner Liegewiese und auf der Loisach sind Schlauchbootfahrten möglich.

Bauernhofmuseum Glentleiten.
Oberhalb von Großweil auf der Glentleiten mit ihren original wieder aufgebauten Bauernhöfen, Kramerladen, Almen, Mühlen und Werkstätten wird ein Einblick in die ländliche Lebensweise vor 50 bis 250 Jahren gewährt. Zahlreiche Vorführungen und Sonderveranstaltungen ergänzen die Dauerausstellung

Bauernhofmuseum auf der „Glentleiten".

Freilichtmuseum Glentleiten

Eingebettet in eine reizvolle Voralpenlandschaft zwischen Murnau und dem Kochelsee liegt bei Großweil die „Glentleiten". Das ursprüngliche Bauernhausmuseum hat sich seit seiner Eröffnung 1976 ständig weiterentwickelt zum heute größten Freilichtmuseum Südbayerns und zeigt mittlerweile auch alte Handwerkskunst und Arbeitsabläufe aus den Anfängen der industriellen Produktion. Auftrag des Bezirksmuseums ist es, die ländliche Kultur Oberbayerns zu erforschen, zu dokumentieren und zu vermitteln.

Auf rund 35 Hektar Museumsgelände sind zwischen Waldbeständen, Weideflächen, Ackerflecken, Teichen, Bachläufen und Bauerngärten alte Höfe, Mühlen, Almhütten und Werkstätten aus verschiedenen Regionen des Bezirks wieder aufgebaut worden. 60 unterschiedliche Gebäude schmiegen sich in die hügelige Landschaft ein, als wären sie hier schon vor Jahrhunderten errichtet worden. Zusammen mit ihrer meist vollständigen Einrichtung vermitteln sie ein lebendiges Bild von der bäuerlich geprägten Vergangenheit Oberbayerns. Die Besucher, jährlich über 150000, können sich auch darüber informieren, wie zum Beispiel Töpfer, Drexler, Wagner, Schmied, Käser, Wetzsteinmacher, Seiler, Hirten oder Weber früher mit ihren Familien ihr manchmal nicht einfaches Leben fristeten. Es gibt eine Hammerschmiede, eine Wetzsteinmacherei, eine Tuffsteinsäge und eine Köhlerei. Selbst eine Kapelle fehlt nicht und zum Ausruhen und für die persönliche Stärkung – zum Beispiel im Biergarten – sind ausreichend Gelegenheiten vorhanden. Je nach Interesse können Besucher einen Häuserrundgang oder einen Themenrundgang wählen.

Ausstellungen. „Auf der Glentleit'n", wie die Einheimischen sagen, zeigen Dauerausstellungen den mühsamen Weg des Wassers von der Quelle in den Kochtopf und Waschkessel zu Zeiten, als man nicht einfach den Wasserhahn aufdrehen konnte. Vorgeführt werden Maschinen, die die Landwirtschaft in Schwung brachten und anhand von landwirtschaftlichen Geräten wird Technikgeschichte vermittelt. Am Beispiel des „bayerischen Italieners" Pietro Zannantonio wird die Migration eines Kesselflickers nachgezeichnet. „Vom Gras zum Kas" informiert über die mühevolle Arbeit der Bauern vom Futterholen bis zum Handmelken.

In jährlich wechselnden Sonderausstellungen präsentiert das Museum zusätzlich bestimmte Lebensbereiche der bäuerlichen Bevölkerung, stellt regionale Persönlichkeiten vor oder die Entwicklung bestimmter Handwerke. Die gesamte Saison über gibt es zudem Handwerkervorführungen, bei denen vergessene Arbeiten wie Lederhosenflicken, Klöppeln, Filzen oder Hinterglasmalen demonstriert werden. Fast jedes Wochenende und oft auch während der Woche sind Veranstaltungen geplant: Musikalische Frühschoppen, Volksmusiktage, Dreschtage, Ostereiersuchen, um nur einige zu nennen. Je nach Jahreszeit wird auf Feldern oder in Gärten gepflanzt oder geerntet: Samen-, Pflanzen- und Ernteschauen, die mit Schwerpunkt alte Sorten zeigen, inbegriffen. Beliebt ist der Christkindlmarkt, den das Museum jedes Jahr organisiert.

Riegsee

Zur Gemeinde gehören Aidling, Riegsee, Hagen, Leibersberg, Lothdorf, Höhlmühle, Perlach und Guglhör. Ältester Ortsteil ist Aidling, er wurde erstmals im Jahr 710 erwähnt und war bis 1716 Sitz einer Hofmark. Riegsee (aus dem althochdeutschen „se“ (See) und dem Personennamen „ruodgis“ wurde im Jahr 1150 erstmals erwähnt und gehörte zum Rentamt München und zum Landgericht Weilheim des Kurfürstentums Bayern. 1818 wurden die Gemeinden Aidling und Riegsee gebildet. 1978 wurde Aidling im Zuge der Gemeindegebietsreform nach Riegsee eingemeindet.

Der gleichnamige Riegsee ist ein sehr warmer Badesee mit Verlandungszonen und mit ausgezeichneter Wasserqualität, auf dem wegen der günstigen Windverhältnisse auch Segler und Windsurfer anzutreffen sind. Das Gewässer wurde früher auch „Hungersee“ genannt, an dessen Wasserhöhe man die künftige Witterung erkennen könne. Vor langen Zeiten kamen angeblich sogar Getreidebauern aus dem Donauboden an den See, um den Wasserstand zu beobachten. Hatte der See viel Wasser, so war dies ein schlimmes Vorzeichen. Im Winter tummeln sich auf dem See Eisstockschützen und Schlittschuhfahrer. 2010 legte Sportfliegerin Hilde Huber mit einem Ultraleichtflugzeug auf der Eisfläche eine spektakuläre Landung hin.

Froschhauser See. Direkt neben dem Riegsee, nur durch eine Straße getrennt, befindet sich der Froschhauser See. Er hat von den drei Badeseen den höchsten Moorgehalt, erwärmt sich am schnellsten und ist im Winter als erster zur Freude der Eissportler zugefroren. Der Froschhauser See ist geschütztes Vogelgebiet. Die schwarzköpfige Lachmöve brütet und Zugvögel machen hier Rast.

Blick auf Aidling

Spatzenhausen

Nördlich von Murnau schmiegt sich in etwa gleicher Entfernung zu Staffelsee und Riegsee das Erholungs- und Feriendorf Spatzenhausen ins hügelige Voralpenland. Zur Gemeinde gehören die Dörfer Hofheim und Waltersberg. Spatzenhausen ist Mitglied der Verwaltungsgemeinschaft Seehausen.

Die schöne Landschaft, die Seenähe aber auch die kurzen Verbindungen zur Bergwelt im Süden, nach Murnau, Mittenwald und Garmisch-Partenkirchen und auch zu den Sehenswürdigkeiten im Pfaffenwinkel sowie ins Fünfseenland im Norden, machen Spatzenhausen zu jeder Jahreszeit zu einem beliebten Urlaubsort.

Um 1310 wird der Siedlungsname „Havsen“ genannt. In einer anderen Urkunde aus dem 14. Jahrhundert ist neben „Hausen“ später Spatzenhausen zugefügt worden. Hausen kommt vom mittelhochdeutschen „hus“ für Haus und das Bestimmungswort „spaz oder spatze“ ist möglicherweise ein vom „Spatz“ (Sperling) abgeleiteter Personenname.
Einigen Historikern nach geht der Ortsname auf einen Tiroler Freibauern namens „Spazzo“ zurück, der sich hier im 12. Jahrhundert niederließ. Ein schwäbischer Namensforscher will zudem nicht ausschließen, dass sich der Namensteil Spatz vom altgermanischen Namen Spado (auch spathen) für „zweischneidiges Langschwert“ ableiten könnte. In der Schlacht auf dem Lechfeld im Jahre 955 gegen die Ungarn wurde Kaiser Otto I. von seinen Schwertträgern, den spatarii, begleitet. Nach der Schlacht sollen sich einige von ihnen im Gebiet der alten Herzogtümer Bayern und Schwaben als freie Bauern angesiedelt haben. Das Gemeindegebiet stand bis zur Säkularisation unter der Grundherrschaft der Klöster Polling und Benediktbeuren.

Spatzenhausen schreibt Filmgeschichte. Im deutschsprachigen Raum ist der Ortsname durch den Film „Der Sündenbock von Spatzenhausen" bekannt geworden. Die Handlung mit Hans Moser spielte allerdings in einem anderen Ort, der Name war nur geliehen. Inhalt: Ferdinand Schöberl ist mit Leib und Seele Bahnhofsvorsteher in Spatzenhausen. Sein Herzenswunsch ist es, dass an seinem Bahnhof nicht nur Personenzüge, sondern auch D-Züge halten. Autobusunternehmer Angerholzer dagegen ist eher am Ausbau einer Zufahrtsstraße interessiert. Und so kommt es zwischen beiden zu einem mit List und Tücke geführten Privatkrieg.

Hofheim. Der Ortsteil Hofheim wird im Jahre 763 erstmals als „Hofahaim" in den Freisinger Traditionen urkundlich erwähnt. Ab 1424 wird die Siedlung als Dorfmark mit Kirche geführt. Die heutige Kirche St. Johann Baptist stammt im Kern noch aus der Spätgotik. Der Hauptaltar, ein Werk von Martin Streicher, der im nahen Schöffau-Hechendorf zur Welt kam, stammt von 1694. Auffällig ist die Rokokokanzel mit offenem Schalldeckelring und einem Engel. Das Schmuckstück der schmalen Saalkirche ist eine Madonna auf der Mondsichel von Hannß Degler aus dem Jahre 1608.

Waltersberg. Der Ort wird im 11. Jahrhundert im Weilheimer Pfarrkapitel als Waltrammisberg (Berg des Waldram) mit der Kirche St. Vitus genannt. Die heutige Kirche wurde mit Ausnahme des Chorraumes im Jahre 1631 errichtet. Die Innenausstattung folgte um 1650. Der Chorraum mit seinem Netzgratgewölbe stammt noch aus spätgotischer Zeit. Der Hochaltar, ein Bühnenaltar, wird auf die Mitte des 17. Jahrhunderts datiert. Im Retabel ist die Szene der Verurteilung des Heiligen Vitus durch Kaiser Diokletian dargestellt.

St. Afra in Spatzenhausen. *Die Kirche ist ein kunsthistorisches Kleinod und wird schon 1236 als „dem Kloster Polling eigen" genannt. In der Folgezeit wurde die Kirche immer wieder um- und ausgebaut. Kulturhistorisch bedeutsam sind die Figur der Kirchenpatronin St. Afra aus dem 17. Jahrhundert und die Schnitzfiguren aus dem 16. Jahrhundert von Johannes Evangelist und Johannes der Täufer. Die beiden Seitenaltäre sind im Mittel- und Unterteil aus dem 17. Jahrhundert. Das Gemälde im Retabel des linken Seitenaltars zeigt die „Vermählung" von St. Katharina mit dem Jesuskind. Das Bildnis hat 1722 der berühmte „Lechhansl", Johann Baader, gemalt. Eine Figur aus der Zeit um 1700 von St. Sebastian, dem Pestpatron, wird Lorenz Luidl aus Landsberg zugeschrieben. Beachtenswert sind eine Nachbildung des Pollinger Tassilokreuzes und eine Zeichnung mit dem Porträt von Pater Rupert Mayr SJ, der während seiner Internierung in Ettal in Spatzenhausen predigte.*

Schwaigen

Schwaigen gibt sich stolz als kleinste Gemeinde im „Blauen Land" zu erkennen und bietet sich den Urlaubern als „Geheimtipp gegen Stress und Alltagslärm" an. Zur Gemeinde gehören die Ortschaft Grafenaschau sowie die Weiler und Höfe Hinter- und Vorderbraunau, Apfelbichel, Plaicken und Fuchsloch. Schwaigen ist Mitglied der Verwaltungsgemeinschaft Ohlstadt.
Dem Ortsnamen liegt die mittelhochdeutsche Bezeichnung „sweige, sweig" für „Viehhof" zugrunde, was hinsichtlich der Bewirtschaftungsmöglichkeiten am Rande des Murnauer Mooses ebenso nachvollziehbar ist, als von der geschichtlichen Bedeutung her. Das Streudorf Schwaigen war bis zur Säkularisation gegenüber dem Kloster Ettal abgaben- und zinspflichtig, also deren Schwaige. Verwaltungsmäßig gehörte es zum Landgericht Murnau.

Grafenaschau ist Hauptort und Kirchdorf der Gemeinde Schwaigen und liegt am Fuß des 1548 Meter hohen Hörnle im Ammergebirge. Da es quasi keinen Durchgangsverkehr gibt und Tempo 30 die Regel ist, verspricht der Ort viel Ruhe in landschaftlich reizvoller Umgebung und mit kurzem Anschluss an alle Sehenswürdigkeiten und Betätigungsmöglichkeiten der Umgebung. Für Wanderungen und Radtouren ist Grafenaschau ein idealer Ausgangspunkt.
Zu den Kurhäusern in Bad Kohlgrub und Murnau ist es nicht weit und die Skigebiete in Bad Kohlgrub, im Ammertal aber auch die in den Alpen sind gut zu erreichen.

Durch Grafenaschau verläuft der Maximiliansweg als Abschnitt des Europäischen Fernwanderweges E4. Er führt im Westen über den Rissberg zum Hinteren Hörnle und im Süden entlang des Murnauer Mooses.

St. Wolfgang. Zeit nehmen sollten sich Gäste zu einem Besuch der Kirche St. Wolfgang. In ihr hängen wunderschöne Beispiele regionaler Hinterglasmalerei sowie ein Lüster aus farbigem Glas aus der ehemaligen Glashütte Grafenaschau. Erbaut wurde die Kirche zwischen 1545 und 1580, das genaue Jahr ist nicht bekannt. Ein Versprechen des Aschauer Bauern Heinrich Hohenleitner ist Grundlage für den Kirchenbau. Dies ist einem Votivbild zu entnehmen, das rechts vom Eingang hängt. Bemerkenswerte Kunstwerke sind die Apostelbilder und der Kreuzweg.

Im Grafenweg steht das Schloss Grafenaschau. Es wurde von 1909-12 von dem Jugendstilarchitekten Emanuel von Seidl über dem älteren Gebäudekern erneuert und durch einen Zwiebelturm erweitert. Dem Gestalter des Murnauer Marktplatzes wird auch der Bau eines Dreiseithofes in der Hanseltrad-Straße zugeschrieben. Es handelt sich dabei um ein Wohnhaus mit Zeltdach und Loggia, korbbogiger Einfahrt und Stallgebäude.

Glashütte Grafenaschau. Sie war in Besitz des Klosters Ettal und wurde vor rund 300 Jahren in Betrieb genommen. Die Glashütte brachte den Menschen der Umgebung für längere Zeit Arbeit und Brot. Inzwischen ist sie längst wieder eingestellt, nur Steinbrüche erinnern noch an die Zeit. Zwei Glaslüster im Ramsachkircherl, dem Ähndl, südlich von Murnau am Nordrand des Murnauer Mooses, und auch die roten Federblumen zwischen den Altarleuchtern stammen aus dieser Glashütte.

Wie in Eschenlohe sind am Vorabend des Dreikönigsfestes die „Barkdara" unterwegs. Eigenwillig vermummte Gestalten streifen grölend und mit Ruten schlagend von Haus zu Haus und hoffen, dass ihnen die Tür geöffnet und Geld in einen Sack geworfen wird. Wenn ihnen ein Schnäpschen kredenzt wird, haben sie allerdings auch nichts dagegen. Der dem Perchtengehen in anderen Regionen ähnliche Brauch hat im Winteraustreiben seinen Ursprung und hat sich mit der Zeit zu einem Heischebrauch gewandelt.

Zugspitzland

Vier-Länder-Rundblick, Skifahrer-, Wander- und Kletterdorado, höchste deutsche Erhebung, Naturschönheit mit Extremen, Erholungsgebiet: Die Zugspitze hat und ist fast alles, was Einheimische und Urlauber gleichermaßen faszinieren kann. Im Werdenfelser Land wird dem Berg von alters her trotz allen Leids, die Bergabstürze und Lawinenabgänge brachten, große Ehrfurcht entgegengebracht. In früheren Zeiten hatte die Zugspitze für viele Talbewohner sogar etwas unerklärbar Göttliches. Heute ist das Wettersteingebirge samt dem Naturgiganten Zugspitze ein Tourismusmagnet, von dem nicht nur das Zugspitzland, sondern die gesamte Region profitiert.

Seit 2010 kann man am Osterfelderkopf unterhalb der Alpspitze in 2050 Meter Höhe von den zwei Aussichtsplattformen des „AlpspiX" (ähnlich wie vom Skywalk im Grand Canyon) durch einen Gitterrost 1200 Meter in die Tiefe schauen und sich dem Höhenrausch hingeben. Die beiden x-förmig verschränkten Aussichtsplattformen sind weltweit einzigartig.

Gemeinden im Zugspitzland:

- *Garmisch-Partenkirchen*
- *Farchant*
- *Oberau*
- *Eschenlohe*

Auskunft:
Zugspitzland
Schmiedeweg 10
D - 82496 Oberau
Telefon (0 88 24) 8305
Telefax (0 88 24) 88 90
info@zugspitzland.de

Blick von der Zugspitze auf die Waxensteine

Eschenlohe

Im Tal zwischen Ester- und Ammergebirge liegt an der Loisach Eschenlohe. Zur Gemeinde, die der Verwaltungsgemeinschaft Ohlstadt angegliedert ist, gehören die Siedlungen Höllenstein, Weghaus und Wengwies mit seinem zu Beginn des 20. Jahrhunderts erbauten Schloss. Eschenlohe wird am südlichen Ortsende von dem Bergsporn Vestbühl mit der malerisch darauf thronenden St. Nikolaus Kapelle überragt, von der aus man einen herrlichen Blick über das Loisachtal hat.

Die Gegend ist altes Siedlungsgebiet. Hier führte eine um 200 nach Christus unter Septimus Severus gebaute Römerstraße entlang. Später beherrschten die Grafen von Eschenlohe das Land unter der Zugspitze. Ihre Burg befand sich auf dem „Vestbichl" (Vestbühl). Unter Graf Berthold III. ging der Besitz der Eschenloher im Jahr 1294 an das Hochstift Augsburg. 1332 veräußerte es der Augsburger Bischof an Kaiser Ludwig (der Bayer), der es dann dem Kloster Ettal übereignete.

St. Clemens. *Vom Holzreichtum früherer Jahre zeugt die 1782 vom Kloster Ettal erbaute Pfarrkirche zu Ehren des Märtyrers Clemens. Das Gotteshaus, nach den Plänen von Johann Michael Fischer erbaut, der sich als bayerischer Hofbaumeister und kurkölnischer Baumeister einen Namen machte, ist ein Schmuckstück. Kunsthistorisch interessierte Gäste werden ihre Freude an den Werken berühmter Holzbildhauer und Kirchenmaler sowie an der klangschönen Orgel haben. Das Deckenbild über dem Hochaltar wurde von Jakob Zeiller gemalt, von dem auch das herrliche Ettaler Kuppelbild stammt. Das Gemälde, das noch vom hintersten Platz der Kirche ganz gesehen werden kann, zeigt Papst Clemens XI., der, mit vielen Christen auf der Halbinsel Krim zu Steinbrucharbeiten verurteilt, den Himmel um Wasser anfleht.*

Im Zuge der Säkularisation verlor das Kloster diesen Besitz an die Bauern der Region. Da Graf Berthold keine Nachkommen hatte, starb das Eschenloher Grafengeschlecht aus und die Burg verfiel. Aus den Steinen errichteten Ansiedler ihre Häuser.

Der Ort wird 1157 erstmals im Zusammenhang mit einem „Werinher zu Eccillohe" urkundlich erwähnt, einem Lehensmann der Grafen von Andechs. Die Bezeichnung Eschenlohe geht vermutlich auf den Eschenbaum und auf das Wort „Loh" oder „Loch" (Wald, Gehölz) zurück. Viehzucht und vor allem der Holzreichtum der umliegenden Wälder bescherten den Bewohnern stets ein gutes Auskommen. Nutzholz und Holzprodukte aus dem Loisachtal wurden im 19. Jahrhundert bis nach Wien und Ungarn geflößt. Die Loisach, die mitten durch den Ort fließt, machte den Eschenlohern aber auch schon viel Ärger. Nach den starken Überschwemmungen 1999 und 2005 wurden umfangreiche Schutzmaßnahmen getroffen.

Am Rande des Eschenloher Moores ist in Erinnerung an das Hartsteinwerk Werdenfels (HWW) eine 70 Jahre alte, vier Kilometer lange Materialseilbahn zu besichtigen – eine Dauerausstellung eines Industriedenkmals, denn das Werk wurde 2000 geschlossen. Ihren Ausgangspunkt hatte die Seilbahn am Steinbruch, wo in über 70 Jahren 24 Millionen Tonnen Glaukoquarzit abgebaut wurden. Dieser „Gault-Grünsandstein" aus der Unterkreide war wegen seiner Zähigkeit und Widerstandsfähigkeit begehrt für Straßen- und Bahnschotter und zur Wasserverbauung. Zeitweise arbeiteten über 200 Beschäftigte im HWW. Eine lange Steinbruchwand legt für diese Zeit Zeugnis ab.

Eschenlohe präsentiert sich als Erholungsort, von dem aus vor allem Wander-, Fahrrad- und Skitouren möglich sind. Ein 260 Meter langer Skilift ergänzt das Tourismusangebot im Winter vor der Haustüre.
Erfahrene Bergwanderer zieht es im Estergebirge zum Hohen Kisten, zum Krottenkopf mit der Weilheimer Hütte, zum Rotwandkopf und von dort auf die Heimgartenspitze. Im Westen im Ammergebirge locken das Laberjoch und das Ettaler Mandl. Weniger anspruchsvoll und meist auch für Mountainbiker reizvoll sind die Wege entlang von Loisach oder Pfrühlmoos nach Oberau, ins Naturschutzgebiet Eschenloher Moos mit dem Krebssee, nach Ohlstadt oder auch nur zum Heldenkreuz. Ein besonderes Erlebnis sind Wanderungen zur Asam-Klamm, zu den sieben Quellen und das Eschenlainetal entlang zur Grachen-Tod-Klamm und weiter bis Einsiedl am Walchensee.
Bei Weghaus kann man auch in ein Segelflugzeug steigen und die Bilderbuchlandschaft von oben genießen.

Bayerische Traditionen und Brauchtumspflege sind den Eschenlohern wichtig. So hat sich hier das Winteraustreiben durch die „Barkdara" am Tag vor dem Dreikönigsfest erhalten. Diese Barkdara haben mit den Perchten in anderen Gegenden vieles gemeinsam. Der Heischebrauch, bei dem Glöckler (Klöpper oder Klöppler) verkleidet mit einem Sack auf dem Rücken mit Urschreien durch die Straßen ziehen und um Spenden bitten, hieß früher im Werdenfelser Land auch „Berchtngehn".

Loisach

Die Loisach ist neben Ammer und Isar der dritte größere Fluss, der das von den vielen Gebirgsbächen herangetragene Wasser sammelt und durchs Werdenfelser Land in Richtung Norden abführt. Sie entspringt in den Tiroler Alpen in einem Quellsumpf in der Gemeinde Biberwier zwischen den Lechtaler Alpen und dem Wettersteingebirge. Von dort fließt das Wasser nordwärts über Ehrwald westlich vorbei an der Zugspitze zur österreichisch-deutschen Grenze. Weiter schlängelt sich der Gebirgsfluss über Garmisch-Partenkirchen, Farchant, Oberau, Eschenlohe, westlich an Ohlstadt vorbei und biegt südlich von Murnau nach Osten ab. Von dort gelangt die Loisach über Großweil in den Landkreis Bad Tölz Wolfratshausen und fließt bei Schlehdorf in den Kochelsee, aus dem sie westlich von Kochel wieder austritt. Der Flusslauf quert dann die Moorlandschaft bei Benediktbeuern und berührt bei Penzberg den Landkreis Weilheim, um von dort wieder Richtung Beuerberg in den Landkreis Bad Tölz zurückzufließen. In der Pupplinger Au, direkt hinter Wolfratshausen, mündet die idyllische Loisach in die Isar.

Der Flussname ist keltischen Ursprungs und leitet sich von den Bezeichnungen „lawo" und „iska" für Wasser ab, was auf eine frühe Siedlungstätigkeit hinweist. Der zum Teil reißende Fluss wurde schon bald als Transportweg genutzt. Es wurden einzelne Stämme getriftet oder, wo das Flussbett breiter wurde, mehrere Hölzer zu Flößen gebunden und flussabwärts gelenkt. Ab dem frühen Mittelalter wurden von Flößern auch Handelsware sowie Gips und Kalk auf der Loisach transportiert, die aus dem nahen Gebirge gewonnen worden waren. Insbesondere von Ohlstadt aus erreichten über Jahrhunderte Wetzsteine über die Loisach Europa und Asien.

Schon um 1900 wurden entlang der Loisach Ufersicherungen gebaut. Darüber hinaus wurde die Loisach streckenweise begradigt. Die abgeschnittenen Flussschleifen sind stellenweise als Altwässer erhalten geblieben und bieten Fauna und Flora natürlichen Lebensraum. Ziele der Maßnahmen waren Hochwasserschutz, Moorentwässerung und der Ausbau von Straße und Schiene im zuweilen sehr engen Tal. Heute geht man wieder dazu über, den Flusslauf zu renaturieren. Dabei soll der Fluss den Anforderungen des Hochwasserschutzes gerecht werden und gleichzeitig durch umfassende ökologische Aufwertung ein naturnahes Erscheinungsbild erhalten. Zielsetzung ist es, für Mensch, Pflanzen und Tiere die Lebensräume Fluss und Ufer miteinander zu verbinden.

Die Loisach ist im Oberlauf ein fischreiches Forellen- und Äschengewässer und daher bei Anglern sehr beliebt. Zwischen Griesen im Westen und Garmisch-Partenkirchen lockt das Wildwasser jährlich Kajak- und Kanufahrer an. Nach Eschenlohe wird die Loisach ruhiger und eignet sich gut zum Rafting mit Schlauchbooten und Bade- und Pichnickfreunde finden überall versteckte Stellen, wo man vom Rauschen des Wassers begleitet ausruhen oder ins kalte Nass springen kann.
Vorzüglich genießen lässt sich die herrliche Flusslandschaft mit dem Fahrrad von Murnau nach Garmisch-Partenkirchen oder ab Großweil über Kochel nach Benediktbeuern.

Im Winter sind entlang der Loisach über weite Strecken Loipen gespurt.

Im Süden der Loisach baut sich das Wettersteinmassiv mit Zugspitze und Alpspitze auf, im Norden begleiten die Ammergauer Alpen mit Hoher Ziegspitz und Kramerspitz als bekannte Berge den Flusslauf. Nach Garmisch lenkt das Estergebirge das Wasser nach Norden.

Schönes Loisachtal. *Auch wenn in Liedern und Versen der Bereich vom Kochelsee bis zum Beurer Moos als das eigentliche Loisachtal verklärt wird, darf aufgrund der landschaftlichen Schönheiten auch im Werdenfelser Land das Lied vom schönen Loisachtal angestimmt werden: „... Ma muaß die ganze Welt ausgehn und find' es nirgendwo so schön!"*

Über Garmisch

Oberau

Wo vom Loisachtal die Deutsche Alpenstraße über Ettal nach Oberammergau abzweigt liegt Oberau, der reizvolle „Erholungsort vor der Zugspitze". Hier verlief einst das am meisten gefürchtete Stück der uralten Handelsverbindung Venedig – Augsburg über den Kienberg. Erstmals erwähnt wird die Siedlung in einer Urkunde aus dem Jahre 750 als „owa". Um 1305 taucht der Name „Awe" und 1524 „Obernaw" auf. Die Ortsbezeichnung Oberau ist ab 1614 bezeugt. Sie geht auf das althochdeutsche Wort „onwa" und „onwe" oder „owe" aus dem Mittelhochdeutschen für „wasserreiches Wiesenland" zurück. Der Zusatz „Ober" soll den Ort von Unterau im Landkreis Bad Tölz-Wolfratshausen unterscheiden.

Bis 1802 gehörte das Dorf zum Kloster Ettal. Im Süden von Oberau begann die Grafschaft Werdenfels. Schanzenreste erinnern, dass hier die Grenze zwischen dem Herzogtum Baiern und dem Staatsgebiet der reichsunmittelbaren Grafschaft Werdenfels verlief.

Auf der steilen Kienbergstraße reisten Könige und Fürsten nach Italien und Pilger wanderten nach Rom. Händler und Fuhrleute brachten Waren aus dem Orient über die Alpen und Güter aus dem Norden in Richtung Mittelmeer. Die Straße war Botenweg, in Kriegszeiten zogen marodierende Haufen durch, schikanierten die Anwohner und versorgten sich aus der Umgebung. Doch die Oberauer profitierten auch von der Straße. Sie spannten Pferde vor, wenn Kaufleute mit schwer bepackten Fuhrwerken am steilen Straßenstück feststeckten, und halfen die Weinfuhren des Klosters den Berg hinaufzuziehen. Der Bau einer weniger steilen Kienbergstraße 1628 verbesserte die Verkehrsverhältnisse. Dennoch klagten Reisende bis zum Ende des 19. Jahrhunderts über die Schrecken des Gebirges und über „Höllenfahrten" auf dem Steilstück zum Gießenbach hinunter. Mit der Verlagerung der Welthandelsströme an den Atlantik verlor die Strecke über den Kienberg an Bedeutung. 1889 wurde die neue Ettaler Bergstraße (B 23) eingeweiht. Zur gleichen Zeit fuhr die erste Eisenbahn zwischen Murnau und Garmisch. Ein Geschichtslehrpfad am Kienberg erinnert heute an die einstige Bedeutung der Straße.

Oberau ist voll von historischen Sehenswürdigkeiten. In der Hauptstraße erinnert eine Tafel an einem alten Bauernhaus an den Geistlichen Rat Joseph Aloys Daisenberger, der hier am 30. Mai 1799 geboren wurde und sich als Gestalter der Oberammergauer Passionsspiele und als Dichter und Historiker Verdienste erwarb. Ludwig Thoma hat Daisenberger in seinen „Erinnerungen" ein Denkmal gesetzt. Daisenbergers Vater und Großvater führten von 1765 bis 1797 ein Tagebuch und dokumentierten damit das damalige bäuerliche Leben, das dem Buch „Chronik eines Bauernlebens vor 200 Jahren" zugrunde gelegt wurde.

Die Pfarrkirche St. Ludwig, die in ihrer jetzigen Form aus dem Jahre 1938 stammt, wirkt unscheinbar, birgt aber ein Gemälde von St. Ludwig, das einst „Märchenkönig" Ludwig II. der Pfarrei schenkte. Die Glasfenster stiftete Prinzregent Luitpold. Bis 1875 war die Georgskirche auf dem Kirchbichl das Gotteshaus der Oberauer. Sie wurde 1315 urkundlich erwähnt, vermutlich aber schon im 8. Jahrhundert errichtet und gehört zu den ältesten Sakralbauten der Gegend. Das Deckengemälde und der Kreuzweg stammen von „Lüftlmaler" Franz Seraph Zwinck.

Krippenmuseum. *Im „Schmiedbauerhaus", einem der ältesten Wohnhäuser des Ortes, wurde 2001 ein Krippenmuseum eingerichtet. Die Ausstellung zeigt zwölf große Weihnachtskrippen verschiedener Stilrichtungen und eine zwölf Quadratmeter große Jahreskrippe mit 25 Szenen aus dem Leben Jesu von Krippenbastler Ludwig Reiser.*

Eine lange Tradition hat das Hotel zur Post. Die frühen Besitzer waren Jäger im Dienste des Klosters Ettal. Die Großmutter von Ludwig Thoma stammte aus diesem Anwesen. In der Gaststube des Hotels hängt das Modell eines mit Gipsfässern beladenen Loisachfloßes, eine Erinnerung an die einstmals blühende „Floß fahrende Gesellschaft" von Oberau, die den in der Nähe gebrochenen und gebrannten Gips die Loisach und die Isar abwärts transportierte. An die zwölf Gipsmühlen, die vom Gießenbach angetrieben wurden, erinnert nur noch ein Fresko an der Hauptschule. Eine Wanderung ins Katzental führt an ehemaligen Gipsbrüchen vorbei. Bei der Loisachbrücke steht eine St. Nepomuk-Kapelle. Bevor die Flößer ihre gefährliche Fahrt begannen, beteten sie hier. Bis zur Aufhebung der kurbayrisch-werdenfelsischen Grenze im Jahre 1802 war Oberau Sitz des Maut- und Holzkontrolleurs, wo Zollgebühren erhoben wurden. Hier war auch eine berittene Grenzstreife stationiert, die Schmugglern nachstellte.

Auf der Bergterrasse soll einmal eine Burg gestanden haben. Der Sage nach gehörte sie einem Grafen, der in einem Kreuzzug fiel. Seine Söhne sollen, weil sie mit dem Schwert ums Erbe stritten, von einer alten Frau verflucht worden sein und müssen nun als Geister auf alle Ewigkeit miteinander kämpfen.

Auf dem Weg nach Farchant befindet sich im Golfplatz eine Bodenerhebung. Es sind Reste einer Schanze, die zur Verteidigung gegen die Österreicher zu Beginn des 18. Jahrhunderts aufgeworfen worden war. Darüber erhebt sich die Röhrlerwand, ein früher wichtiger Grenzpunkt. Wer auf dem Schanzweg geht, bewegt sich auf dem historischen Bauwerk, das sich einmal quer durchs Tal zog. Vor den Befestigungen tobte im Spanischen Erbfolgekrieg ein mehrstündiges blutiges Gefecht zwischen Tirolern und Bayern.

In das Rad- und Wanderwegenetz um Oberau sind auch die einstigen Kienbergstraßen eingebunden. Von hier geht es weiter über Ettal ins Graswangtal und nach Oberammergau. Durch reizvolle Landschaften kommt man auch, wenn man entlang der Loisach über die sieben Quellen nach Eschenlohe radelt oder wandert oder in die andere Richtung nach Farchant. Vom „Loisachblick" im Norden ist das gesamte Tal zu überschauen. Beliebt sind Bergtouren auf die Notkarspitze und auf den Brünstelskopf im Ammergebirge sowie auf den Krottenkopf und den Hohen Fricken im Estergebirge.

Oberau hat ein Schwimmbad, einen Kurpark, ein Natureisstadion, entlang der Loisach werden Loipen gespurt und die nächsten Skilifte sind nicht weit.

Farchant

„Gut gebettet in Farchant" heißt es auf Werbedrucken des Erholungsortes im Loisachtal, nur einen Katzensprung von Garmisch-Partenkirchen entfernt. Man kann durchaus davon ausgehen, dass entlang des Flusses, der sich unter dem Hohen Fricken des hier schroff und steil abfallenden Estergebirges und dem Ammergebirge im Westen sein Flussbett gegraben hat, schon 1200 vor Christus aus dem Ostseeraum Bernsteinhändler vorbeikamen, um den Rohstoff des Nordens gegen begehrte Fertigprodukte des Südens einzutauschen, wie die Farchanter behaupten. Sicher ist, dass seit etwa 200 nach Christus römische Kohorten und Fuhrleute durch das Tal zogen, nachdem die Heer- und Handelsstraße von Norditalien über die Alpen nach Süddeutschland gebaut worden war.

Der Ortsname leitet sich zum einen vom althochdeutschen „heida" für Heide als ebenes sandiges und unbebautes Gelände ab und im Bestimmungswort von „foraha, forcha oder vorch" für Föhre, Kiefer. Offenbar gab es hier einmal überwiegend Föhrenwald. Überliefert ist als erster Siedlungsname Forchheida (Föhrenheide).

Gegründet wurde Farchant etwa um 600 nach Christus, also nachdem die Römer abgezogen waren und an der gut befestigten Via Claudia Augusta neue Ortschaften entstanden. Beim Bau der Eisenbahnlinie im vorigen Jahrhundert entdeckte man die ersten Farchanter, die sich im Bereich der nördlichen Hauptstraße niedergelassen hatten: germanische Reihengräber ohne christliche Beigaben. Um 750 bekehrten irische und schottische Mönche das Oberland zum Christentum. Es wird vermutet, dass in dieser Zeit eine Holzkirche errichtet wurde, die eine alte heidnische Kultstätte ersetzte. Archäologen haben beim Spielleitenköpfel unweit des Ortes Naturformationen gefunden, die auf einen vorchristlichen Opferplatz schließen lassen – ein Hinweis darauf, dass die Loisach den Menschen auch vor der Gründung von Forchheida schon als Lebensader diente. Es ist einer der ältesten Orte in Oberbayern, an dem Forscher eine Stätte früher Götterverehrung vermuten. Es wurde ein Brandopferplatz ausgemacht und es wurden Überreste von Tierknochen, Kleidung, Werkzeuge sowie Ess- und Trinkgefäße gefunden, die davon zeugen, dass die Gegend schon um 600 vor Christus besiedelt war.

Erstmals schriftlich erwähnt wird Farchant in einer Notiz aus dem Jahre 807, in der von einem Streit zwischen Graf Irminher aus dem Tiroler Inntal und Bischof Atto von Freising um den Kirchenbesitz des Sankt Andreas Gotteshauses berichtet wird. Um 1200 ließ Herzog Otto von Meranien aus dem Grafengeschlecht der Andechser zum Schutz des Talkessels und der Reichsstraße Augsburg-Venedig die Burg Werdenfels südlich von Farchant erbauen. Ein halbes Jahrtausend gehörten die meisten Höfe zu den Klöstern Polling, Dießen, Ettal, Benediktbeuern oder Schlehdorf, die sie an ihre Grundholden weiterverliehen. Aus der Zeit des Dreißigjährigen Krieges ist nördlich von Farchant noch eine Schwedenschanze im Gelände erkennbar. Einheimische Flößer gingen mit Holz, Kalk, Gips und Vieh auf monatelange Floßfahrten bis nach Ungarn. Andere betrieben als erfolgreiche Kaufleute Handelsniederlassungen in ganz Europa. Zwischen 1700 und 1800 erlebte das Dorf einen Aufschwung, der auch das Leder- und Holz verarbeitende Handwerk erfasste. Die Folge war, dass nahezu die Hälfte der damals bestehenden 73 Anwesen in dieser

__St. Andreas.__ Das Wahrzeichen von Farchant ist die barocke Pfarrkirche. Ein Streit um eine Vorgängerkirche führte 807 zur ersten Erwähnung des Ortes. 1728 ließen die Farchanter – aus den Steinen der verfallenen Burg Werdenfels – vom Münchner Stadtbaumeister Johann Mayr anstelle der alten gotischen eine neue barocke Kirche errichten. Das Altarbild des Hochaltares aus dem Jahre 1779 stellt das Martyrium des Apostels Andreas dar, den Schutzherrn des Werdenfelser Landes. Kanzel und Seitenaltäre sind noch aus der alten gotischen Kirche.

Zeit abgerissen und zeitgemäß wieder aufgebaut wurden. Seit der Säkularisation gehört der Ort wie das gesamte Werdenfelser Gebiet zum Bayernland. Niedergang des Handels, verheerende Epidemien (Cholera 1836) und Viehseuchen (1842) und die erhebliche Einschränkung der Rechte am Wald trugen in der Folgezeit zur spürbaren Verarmung der Bevölkerung bei. Die 1889 eröffnete Bahnlinie München-Garmisch veränderte das Gesicht des Ortes. Flößerei und Fuhrwerk gingen weiter zurück, dafür entdeckten immer mehr Städter das Land unter der Zugspitze als Urlaubsgebiet.
In Farchant wird seit der Wende vom 18. zum 19. Jahrhundert mit der Kraft des Loisachwassers Strom erzeugt. Dieser kam zunächst vom Elektrizitäts-, Säge-, Kreide- und Kittwerk Farchant, das von einem Wasserrad mit Dynamomaschine angetrieben wurde. Bis 1936 bezog sogar Garmisch seinen Strom allein von diesem Kraftwerk. Als für die Olympiade viel mehr Strom erforderlich wurde, übernahm die Energieversorgung ein Verbund mit dem Elektrizitätswerk Partnach.

Der Ort ist Ausgangspunkt für Berg- und Talwanderungen, Radl- und Skitouren sowie Kanufahrten. Nachdem die Gemeinde den Bahnhof reaktiviert hat, halten auch die Züge wieder regelmäßig. Im Mai 2000 wurde der 2,4 Kilometer lange Farchanter Tunnel eröffnet, der als Teil der Ortsumfahrung den störenden Durchgangsverkehr nach außen verlagerte. Farchant hat ein Warmfreibad und einen Skilift.

Pflegersee. Im Westen des Ortes liegt malerisch über Garmisch-Partenkirchen der Pflegersee mit dem gleichnamigen Berggasthof. Mitte der zwanziger Jahre wurde der Pflegersee noch als „ein fast ganz ausgetrockneter Tümpel“ erwähnt, aber es wurde wie heute schon Eisstock geschossen. 1927 wurde dann eine Gastwirtschaft und eine Badeanstalt errichtet. Seither ist der See zu jeder Jahreszeit ein beliebtes Ausflugsziel und Ausgangspunkt für Wanderungen zum Beispiel auf den Brünstelskopf, Felderkopf, Zunderkopf oder auf die Notkar- und die Kramerspitz. 1929 wurde im See ein Einbaum entdeckt, der in der Archäologischen Staatssammlung in München aufbewahrt wird.

Farchants Schmuck sind die alten Bauernhäuser mit ihren ausladenden Giebeln und beeindruckenden Lüftlmalereien. Die meisten heute im Dorfkern noch erhaltenen Häuser stammen aus der zweiten Hälfte des 18. Jahrhunderts, der wirtschaftlichen Blütezeit.

Kuhfluchtwasserfälle

Von Farchant aus erreicht man nach gut einstündiger Wanderung in Richtung Hoher Fricken die Kuhfluchtwasserfälle. Der Name steht für drei Wasserfälle, deren Fallstufen circa 270 Meter überwinden. Sie gehören somit zu den höchsten in Deutschland. Kuhflucht leitet sich angeblich vom römischen confluctum ab, was so viel bedeutet, wie Zusammenfluss des Baches mit der Loisach.

Das Wasser stammt vom Plateau zwischen dem Krottenkopf und dem Simetsberg und entspringt aus mehreren Karstquellen im Plattenkalk, deren Einzugsgebiet etwa fünf Quadratkilometer groß ist. Die Hauptquelle ist die Kuhfluchtquelle, die direkt aus der 200 Meter hohen Abschlusswand des Kuhfluchtgrabens entspringt. Von Partenkirchen kommend ist der Wasserfall von der Straße aus sichtbar. Täglich fallen pro Sekunde etwa 1500 Kubikmeter Wasser in die Tiefe. Im Estergebirge, einem typischen Karstgebirge, läuft das Wasser sehr rasch unterirdisch ab. Dadurch hat sich im Laufe von Jahrtausenden hier eines der größten Höhlensysteme der Bundesrepublik ausgewaschen. Die sogenannten Frickenhöhlen entwässern das Gebirge über die Kuhfluchtwasserfälle in die Loisach. Auf dem Weg zu den Wasserfällen ist ein Waldlehrpfad angelegt und es gibt ein kleines Kneippbecken. Im „Kuhfluchtwäldchen" geht es im Sommer bei Musik und Tanz zuweilen recht hoch her. Etwas ausgefallen gibt sich der Philosophenweg, an dem an Ruhebänken philosophische Weisheiten den Wanderer zum Nachdenken anregen sollen.

Bei den Kuhfluchtwasserfällen kann man auch einen langsamen Bergsturz beobachten, dessen Bewegung seit Jahren vermessen wird. Für Laien gut sichtbares Zeichen ist der „betrunkene Wald" (das sind nach verschiedenen Seiten geneigte Bäume), der durch Bewegungen des Hangs bedingt ist.

Estergebirge

Das romantische Estergebirge ist ein nicht allzu großes Kalksteingebirge mit Mittelgebirgscharakter zwischen Loisach und Isartal und bildet den westlichen Teil der Bayerischen Voralpen. Es ist dennoch eines der größten zusammenhängenden Karstgebiete der Bayerischen Alpen. Nach dem höchsten Berg der Bayerischen Voralpen wird das Estergebirge auch Krottenkopf-Gebirge (2086 Meter) genannt. Der Bischof, der Hohe Kisten und der Hohe Fricken sind weitere Berge, die über die Rücken und Gipfel der Umgebung hinausragen. Da die Aufstiegswege aus dem Loisachtal zumeist steil und anstrengend sind und die Wege über die bewaldeten Vorberge und durch die Täler von Nordwesten her oft sehr lang sind, trifft man hier nicht so viele Bergwanderer wie in den westlich gelegenen Ammergauer Alpen. Eine Ausnahme macht der Wank, auf den man von Garmisch-Partenkirchen aus auch mit einer Seilbahn kommt. Das Estergebirge ist zu jeder Jahreszeit ein schönes Wandergebiet, im Winter auch mit Fellen unter den Skiern oder mit Schneeschuhen. Auch Mountainbiker finden weite Strecken und können das Estergebirge ganz umfahren. Die Weilheimer Hütte am Krottenkopf, das höchst gelegene Schutzhaus der Bayerischen Voralpen, ist als einzige Alpenvereinshütte ein begehrter Anlaufpunkt.

Ein Naturwunder im Estergebirge sind die Kuhfluchtwasserfälle am Hohen Fricken, wo das Wasser wie ein Bach schäumend aus den Karstquellen hervorbricht und in Kaskaden und Wasserfällen talwärts stürzt. Dort findet man auch die Frickenhöhle und kann an der Neigung von Bäumen einen langsamen Erdrutsch erkennen. Erdbewegungen haben diesen „betrunkenen Wald“ geschaffen.

Die östlichste Erhebung des Estergebirges ist der waldige Simetsberg (1836). Auf seiner Ostseite sind im unteren Drittel mehrere Höhlen begehbar. Der frei stehende Gipfel ist von Wallgau aus gut erreichbar. Geologisch interessant ist der Aufstieg über den „Schwarzen Graben“.

Der Wank. Der Wank, der populäre Sonnenbalkon über dem Werdenfelser Land, ist auf unbeschwerlichen Wanderwegen leicht zu erreichen und wegen seiner fantastischen Aussicht sehr beliebt. Angeblich kann man vom Wank aus über tausend Gipfel sehen. Der Name geht auf „Hang" zurück. Eine frühere Bezeichnung war Eckenberg. Ein reizvoller Höhenweg auf der Westseite ist der Hüttelsteig, der von der Mittelstation der Wankbahn zur Esterbergalm führt. Die erste Wank-Seilbahn wurde 1928 in Betrieb genommen, 1982 wurde sie durch eine Umlauf-Kabinenbahn ersetzt. Das Alois-Huber-Haus, das urgemütliche Wankhaus, hat die Alpenvereinssektion Garmisch im Jahre 1911 gebaut. Seit im Jahre 2002 der Skibetrieb wegen Unwirtschaftlichkeit eingestellt wurde, fährt die Seilbahn im Winter nur noch zu besonderen Anlässen wie Weihnachten, Fasching oder Ostern und der Wank gehört in der frostigen Zeit den Winterwanderern und Skitourengehern. Im Sommer ist der waldfreie Wankgipfel Startplatz für Gleitschirmflieger. 1935 startete von hier ein Segelflugzeug: Der „Partenkirchner Spatz".

Wildsee. *Von der grausigen Entstehung des dunklen aber schönen Wildsees im Estergebirge erzählt eine Legende: Der Schafhirte Jörg stand mit seiner Herde am Hammerbach als ein Gewitter aufzog, da erschien eine schöne Fee: „Erschrick nicht, ich bin die Fee aus dem Höllental, du und deine Mutter seid doch arm, ich will euch helfen", sagte die Fee und versprach Jörg einen Goldschatz, wenn er nichts erzähle und vor allem kein Wild mehr erlege. In den nächsten Wochen kam die Fee immer wieder zu dem Platz und versorgte Jörg mit Speis und Trank. Der Mutter und Freunden fiel bald auf, dass Jörg zuhause nichts mehr aß und fröhlicher war als früher. Als sie den Grund wissen wollten, verriet Jörg nichts. Im Winter wurde er aber krank und plauderte in Fieberträumen von der Fee und vom Goldschatz. Die Mutter hörte dies und bald machte die Geschichte im Dorf die Runde. Jörg wurde wieder gesund, doch so oft er auch zur bekannten Stelle kam, die Fee ließ sich nicht mehr blicken. Als eines Tages ein stolzer Hirsch aus dem Wald trat, legte Jörg nach kurzem Stocken an und erlegte ihn. Unmittelbar danach donnerte und blitzte es und Jörg wurde von einem Blitz erschlagen. Das Unwetter hielt die ganze Nacht an, der Regen sammelte sich und bildete den Wildsee, genau an der Stelle, wo Jörg tot zusammengebrochen war.*

Zugspitze

Die Zugspitze ist mit 2962 Metern der höchste Berg Deutschlands und bietet einen Vier-Länder-Panoramablick (Deutschland, Österreich, Schweiz und Italien). Bis ins Spätmittelalter wurde der Berg nach einem Geländeeinschnitt am Gipfel „Scharte" benannt. Eine Randnotiz in einem Grenzvertrag (um 1500) „jetzt Zugspüz genannt" ist grundlegend für die Bezeichnung Zugspitze. Der Name leitet sich vermutlich von den „Zugbahnen" der Lawinen ab, die ins Tal abgehen und Bahnen von Steinen und Geröll hinterlassen.

Die Zugspitze hatte früher drei Gipfel. Erhalten ist nur noch der Ostgipfel, der vollständig in Deutschland liegt. Der Mittelgipfel musste 1930 einer Seilbahn-Gipfelstation weichen. Der Westgipfel, der um zwei Meter höher war als der Ostgipfel, wurde 1938 für eine Flugleitstelle der Wehrmacht gesprengt. Zum Zugspitzmassiv gehören das Zugspitzplatt und zahlreiche Gipfel wie zum Beispiel der Schneefernerkopf und die Gatterlköpfe. Von der Zugspitze nach Osten verläuft in Richtung Alpspitze und Hochblassen über die Höllentalspitzen der Jubiläumsgrat, eine der bekanntesten Gratrouten der Ostalpen. Auf der Zugspitze bieten das Münchner Haus und die Wiener-Neustädter-Hütte Übernachtungsmöglichkeiten.

Auf der Zugspitze steht seit 1981 die höchste Kirche Deutschlands. Sie ist „Maria Heimsuchung“ geweiht und wurde von Josef Kardinal Ratzinger, dem späteren Papst Benedikt XVI., eingeweiht.

Aufstellung des Zugspitzkreuzes, Lüftlbild, Partenkirchen

1931 wurde das Schneefernerhaus als Bergbahnhof der Zugspitzbahn und Touristenhotel eröffnet. Ein Fußgängerstollen zur Kammstation der Tiroler Zugspitzbahn wurde 1938 freigegeben. Im Mai 1965 verschüttete eine Lawine die Sonnenterrassen des Hotels und die Liftanlagen am Zugspitzplatt, es gab 10 Tote und 21 Verletzte. Nach der Inbetriebnahme des neuen Bergbahnhofs im Jahre 1988 und der Eröffnung des Restaurantbetriebs „SonnAlpin“, wurde das Schneefernerhaus für Forschungszwecke umgebaut. In der 1900 eingeweihten meteorologischen Station und im Schneefernerhaus werden überwiegend Klimaforschungen betrieben. Erster Wetterbeobachter war der spätere Antarktis-Forscher Josef Enzensperger, der sieben Monate dort oben überwinterte. Von der Wetterwarte meldet der Deutsche Wetterdienst, von Sendeanlagen werden Rundfunk- und Fernsehprogramme nach Deutschland und Österreich ausgestrahlt, im Gipfelbereich sind Richtfunkantennen aufgebaut und auf dem Turm der Wetterwarte befindet sich eine Amateurfunkantenne.

Wann die Bergsteigergeschichte der Zugspitze beginnt, ist unklar. Am 27. August 1820 erklomm nachweislich Leutnant Josef Naus in Begleitung eines Messgehilfen und von Bergführer Johann Georg Deuschl im Auftrag des Königlich-Bairischen Topographischen Büros erstmals den Gipfel. Historischem Kartenmaterial zufolge hatten Einheimische den Berg jedoch schon viel früher bezwungen. Manche Historiker glauben, dass Hirten und Jäger immer wieder bis in die Gipfelregionen vorstießen und dass Schmuggler Wege über das Zugspitzmassiv kannten.

Heute gehen Bergfreunde normalerweise von Nordosten aus dem Höllental, von Südosten aus dem Reintal oder von Westen über das Schneekar (Tirol) auf den Gipfel. Bequemer „erklimmen“ lässt sich die Zugspitze von Garmisch-Partenkirchen aus mit der Zugspitzbahn bis zum Zugspitzplatt und von dort mit der Gletscherseilbahn zum Gipfel oder vom Eibsee aus mit der schnellen Großkabinenbahn.

Südlich des Gipfels schließt sich die Karst-Hochfläche „Zugspitzplatt“ an. Es bildet den Abschluss des Reintals und ist durch Verwitterung, Verkarstung und Gletscherwanderung entstanden. Zu Beginn des 19. Jahrhunderts war das Platt zum letzten Mal vollständig vergletschert.
Die Höhlen im Wettersteinkalk unterhalb des Zugspitzplatts hat ebenfalls das Klima geschaffen. Während einer Expedition 1958 wurde der 131 Meter tiefe und 260 Meter lange „Finkenschacht“ entdeckt. Da die Höhle auf einen Wasserlauf trifft, vermuten Geologen, dieser könnte den Ursprung der Partnach mitbilden.

Auf dem Zugspitzplatt befindet sich Deutschlands einziges Gletscherskigebiet. In der langen Saison sind dort neun Skilifte in Betrieb. Für Skitourengeher ist die Route von Ehrwald über das Gatterl auf den Gipfel eine Herausforderung. Vom Schneefernerkopf nach Ehrwald verläuft die Abfahrt „Neue Welt“. Sie gilt als extrem schwierig und hat gefährliche Steilstellen, auch solche, die man nur durch Abseilen überwinden kann.
An den Flanken der Zugspitze befinden sich der nördliche Schneeferner mit über 30 Hektar, der Höllentalferner mit knapp 25 Hektar und der südliche Schneeferner mit

8,4 Hektar. 1820 bedeckte der Höllentalferner noch 47 Hektar. Der Schneeferner ist heute der größte deutsche Gletscher. Seit Anfang der 1990er Jahre wird der nördliche Schneeferner im Sommer mit Kunststoffplanen abgedeckt, um ihn vor der Sonneneinstrahlung zu schützen. Der südliche Schneeferner ist mittlerweile durch einen freigetauten Felsriegel in zwei Becken geteilt.

1851 wurde auf dem Zugspitzgipfel das erste Gipfelkreuz aufgestellt. Pfarrer Christoph Ott, seinerzeit meteorologischer Beobachter auf dem Hohen Peißenberg, hatte sich geärgert, dass „der erste Fürst der bayerischen Gebirgswelt sein Haupt kahl und schmucklos in die blauen Lüfte des Himmels emporhebt ...“. Während damals das Gipfelkreuz mühsam in Teilen hochgetragen werden musste, wurde 2009 ein neues mit der Zahnradbahn zum Zugspitzplatt gebracht und von dort mit dem Helikopter zum Gipfel geflogen. Das vergoldete Kreuz ist fast fünf Meter hoch und eine Nachbildung des ersten Gipfelkreuzes.
Seit 1953 findet auf dem Gatterl jährlich eine Bergmesse statt. Anlass ist das Gedenken an den Lawinentod von vier bayerischen Grenzpolizisten im Jahre 1952.

Die Zugspitze lockt immer wieder Abenteurer an. Im März 1922 landete Franz Hailer mit einem Kufen-Flugzeug auf dem Gletscher. 1927 gelang Ernst Udet dort der Start mit einem Segelflugzeug, das zerlegt per Seilbahn auf die Zugspitze transportiert worden war. Vier Jahre danach startete der erste Reise-Ballon von der Zugspitze. 1948 balancierten drei Artisten auf Stahlseilen zwischen Ost- und Westgipfel und fünf Jahre später fuhren zwei Waghalsige mit dem Motorrad über diese Hochseilstrecke. Seit 2000 wird jährlich der Zugspitz-Extremberglauf ausgetragen. Im Juli 2008 starben dabei nach einem Wettersturz zwei Sportler an Erschöpfung und Unterkühlung. Ende August 2009 balancierte der Schweizer Freddy Nock auf dem Seil der Zugspitz-Gletscherbahn vom Zugspitzplatt zum Gipfel.

Zugspitzgeistsage. *Wenn vormals dräuende Wetter die Zugspitze umtosten, fürchteten sich die Menschen und warnten Berggänger vor dem Zugspitzgeist. Die Sage erzählt von einem gräulichen Vogel, halb Geier und halb Adler, der beständig den Gipfel umkreist. In seinem Horst an der Gipfelspitze hat der Geieradler ein zauberhaftes Springkraut verborgen. Wer dieses Wunderkraut besitzt und damit an die Bergwände klopft, kommt ins Innere des Felsmassivs und kann alle darin verborgenen Schätze sein eigen nennen. Als der Jägersixt einmal den Horst schon fast erreicht hatte, war plötzlich der Zugspitzgeist mit weit ausgespannten Flügeln schlagend und wütend schraubenförmig kreisend auf und ab geflogen. Mit wuchtigen Flügelschlägen versuchte er, den Sixt den Berg hinabzustoßen. Als der Zugspitzgeist immer bedrohlicher wurde und in langgezogenem, grellem Ton pfy, pfy rief, als wollte er sagen: „Behüt Gott das junge Leben“, erblickte der Jägersixt plötzlich eine wüstschwarze Wolke und erschrak vom kräftigen Donner. Da verließ den Burschen der Schneid und er stieg wieder abwärts, denn es war ihm bewusst geworden, dass der Zugspitzgeist die Gewitterwolke geschickt hatte, um ihn mit Blitz und Donner vom Horst fernzuhalten. (Nach Bronner)*

Garmisch-Partenkirchen

Beschirmt von den Ammergauer Alpen, dem Estergebirge und dem Wettersteinmassiv breitet sich an der Mündung der Partnach in die Loisach die Marktgemeinde Garmisch-Partenkirchen aus. Das Herz des Werdenfelser Landes ist Deutschlands bedeutendste Wintersportmetropole, weltbekannter Olympiaort, renommierter Kongressstandort und größter heilklimatischer Kurort in den Bayerischen Alpen. Zum Gemeindegebiet gehören Burgrain und Wamberg mit den Einödhöfen Gschwandt, Eckbauer, Vorder-, Mitter- und Hintergraseck, Höfle, Schlattan und Kaltenbrunn. Der Zusammenschluss der beiden vormals unabhängigen Orte Garmisch und Partenkirchen wurde ein Jahr vor den IV. Olympischen Winterspielen 1936 von den Nationalsozialisten angeordnet.

Über dem Ort ragt die Zugspitze auf, daneben die Alpspitze und dazwischen vorgelagert die Waxensteine. In den Ortsteilen schmücken farbenfrohe Lüftl-Malereien zahlreiche Fassaden und viele historische Gebirgshäuser mit ihren reich verzierten Balkonen haben noch Zierbundwerk am Dachstuhl. „Wer hier leben darf, ist zu beneiden – wer hier Urlaub macht erst recht“, lautet ein Werbespruch.

Garmisch leitet sich von „Gau des Germar“ ab. In einer Urkunde von 802 wird erstmals „in Germares kauue“ erwähnt. Partenkirchen indes ist aus einer Straßenstation der Römer entstanden, die um 195 nach Christus nach der Via Claudia Augusta über den Fernpass eine weitere Heer- und Handelsstraße über Mittenwald ins Loisachtal angelegt hatten. Handschriften aus dem 7./8. Jahrhundert weisen „parthano“ (parthanum) aus, vermutlich nach dem Personennamen Partus. 1130 taucht „Barthinchirchen“ in Urkunden auf und 1180 „Partinchirchen“. Erste Siedlungsspuren sind für die Jungsteinzeit belegt.

Während das abgelegene Garmisch vom Nord-Südhandel kaum profitierte und hauptsächlich von der

Wald- und Weidewirtschaft lebte, brachte der Warenaustausch für Partenkirchen Wohlstand. Im Hochmittelalter, insbesondere nach der Verlegung des Bozener Marktes nach Mittenwald, war Partenkirchen eine wichtige Station, wo Fuhrleute und Pferde versorgt sowie Waren umgeladen und gelagert wurden. Zur Zeit des Rottwesens kamen bis zu hundert Fuhrwerke pro Tag hier an.

In Garmisch brachte ab dem Hochmittelalter die Flößerei Lohn und Brot. Der Warentransport auf der Loisach hatte für Garmisch auch dann noch lange Zeit Bedeutung, als das Rottwesen auf den Straßen bereits aufgegeben worden war. 1885 wurden noch 2500 Flöße in Richtung München gesteuert. Mit der Eröffnung der Bahnverbindung wurde die Flößerei unrentabel. Im 19. Jahrhundert war in Garmisch die Fassbinderei ein bedeutendes Handwerk. 1885 gab es im Ort noch 87 Fass- und Schindlmacher.

Am Südhang des Kramer, auf einem Felsvorsprung oberhalb des Kellerleitensteiges wurde ein Burgstall entdeckt. In den vermutlich hölzernen Gebäuden soll im 13. Jahrhundert „Ritter Swigger von Mindelberg“ gehaust haben.

Mit der Eisenbahnverbindung nach München (1899) setzte der Fremdenverkehr ein. Maler und Schriftsteller hatten die Schönheiten der Berge und der Voralpenlandschaft schon vorher entdeckt, jetzt kamen Kurgäste und Sommerfrischler und bald auch Kletterer, Bergwanderer und Wintersportler.

Frühlingsstraße. *Im Ortsteil Garmisch sollte man die Frühlingsstraße mit ihren gepflegten, alten Werdenfelser Bauernhäusern aufsuchen. Auf dem Weg findet man ein täuschend echt gemaltes Fenster, aus dem ein Schützenpaar herausschaut. In der nahen Fürstenstraße befindet sich das Bräustüberl mit einem Bild von zechenden Werdenfelser Bauern an der Fassade. Es stammt wie das Bild in der Wirtschaft von der Gründung des Brauhauses von Lüftlmaler Heinrich Bickel.*

Ludwigstraße, Partenkirchen

Empfehlenswert ist in Partenkirchen ein Spaziergang durch Ballengasse und Ludwigstraße, in der das Wörndle-Haus, der Gasthof Fraundorfer, das Posthotel und der Gasthof Rassen mit besonders schön bemalten Fassaden auffallen. Ostseitig sind bäuerliche Häuser und Gehöfte der früheren Rottfuhrleute mit ihren breiten Tennentoren noch erkennbar. Auf dem Kirchplatz steht ein Brunnen mit Figuren von Gebirgsschützen in Tracht, auf dem Schäfflerplatz sprudelt der Schäfflerbrunnen und vom Fugger-Gassl aus hat man einen weiten Blick über Garmisch-Partenkirchen. In der Straße steht noch ein in althergebrachter Holzbauweise errichtetes Haus mit Holzschindeldach, das früher als Kornhaus genutzt wurde. Es ist eines der wenigen Gebäude, die den Großbränden von 1811 und 1865 nicht zum Opfer fielen und soll in Teilen aus der Zeit Kaiser Barbarossas stammen. Am Floriansplatz mit gleichnamigem Brunnen ist ein harmonisches Ensemble alter Bauern- und Handwerkerhäuser zu bewundern. Hier fanden einst die Märkte statt.

In einem ehemaligen Kaufmannshaus aus dem 17. Jahrhundert, das ebenfalls die Dorfbrände überlebte, ist das „Heimatmuseum Werdenfels“ untergebracht

Alt-Garmisch

Strauß-Villa

Museum Aschenbrenner. *Das Museum Aschenbrenner, hervorgegangen aus der Privatsammlung Marianne Aschenbrenner, präsentiert Porzellane vom 18. Jahrhundert bis heute, alte Puppen mit neckischen oder höfischen Kleidern sowie Krippen in faszinierenden Landschaften. Die von den Werdenfelser Krippenfreunden zusammengestellte Ausstellung zeigt auch wertvolle Klosterarbeiten und alte Krippenfiguren aus Wachs.*

Heimatmuseum Werdenfels. Verteilt auf fünf Etagen wird über die bürgerliche und bäuerliche Kultur in der ehemaligen Grafschaft informiert. Zu sehen sind auch farbenprächtige Hinterglasbilder, Larven aus der Barockzeit und eindrucksvolle Tragefiguren und Passionsdarstellungen.

Zentrum von Garmisch ist der Marienplatz mit der Fußgängerzone am Kurpark, der seit 2009 Michael-Ende-Kurpark heißt. Er liegt im Herzen des Ortsteils und ist eine Oase der Ruhe mit Garten-Schach, Boccia und historischer Kegelbahn. Im Sommer wird in der Kurparkmuschel musiziert und im Kurhaus werden Ausstellungen organisiert. Dem Schriftsteller Michael Ende ist im Kurhaus die Erlebnisausstellung „Der Anfang vom Ende“ gewidmet. Sie informiert über Leben und Schaffen des 1929 in Garmisch geborenen Kinderbuchautors. Am Beginn der Bahnhofstraße liegt der Richard-Strauss-Platz, benannt nach dem Opernkomponisten, der hier in der „Villa Christina“ einige seiner Werke komponierte. Der anlässlich seines 40. Todestages errichtete Brunnen zeigt vor heiterem Wasserspiel Figuren aus Strauss-Opern. Mit einem Richard-Strauß-Festival wird alljährlich an den Musiker erinnert. Seinen Namen trägt auch das Richard-Strauss-Institut, in dem eine Sammlung über den Komponisten untergebracht ist.

Matthäus Günther hat die Deckenfresken in der Pfarrkirche St. Martin geschaffen.

Christliche Juwelen

Alte St. Martins Kirche. Sie war einmal die Mutterkirche des Werdenfelser Landes. Weil sich nicht durchsetzen ließ, an Stelle des alten Gotteshauses ein neues zu errichten, blieb dieses historische Kleinod erhalten.

Pfarrkirche St. Martin. Die Kirche im Zentrum von Garmisch wurde von 1730-1734 vom Wessobrunner Baumeister und Stuckateur Josef Schmuzer gebaut, nachdem die Nikolaus-Kapelle abgebrochen war. Das Hochstift Freising stellte Bruchsteine von der Ruine Werdenfels und die Gemeinde das Bauholz. Der Stuck stammt von Schmuzer, die Fresken von Matthäus Günther und Franz Seraph Zwinck. Der große Lüftlmaler hat auch einige Altarbilder geschaffen. Die Altarfiguren stammen von Franz Schmädl und Anton Sturm. Beachtenswert sind die Kanzel, die Beichtstühle mit Einlegearbeiten und die Zunftstangen aus dem 18. und 19. Jahrhundert.

Maria Himmelfahrt. Die dreischiffige, neugotische Pfarrkirche Maria Himmelfahrt wurde im September 1871 eingeweiht. Die Vorgängerkirche war beim Großfeuer 1885 abgebrannt. Ein Bild konnte mit einigen wenigen Gegenständen gerettet werden. Es hängt nun an der westlichen Seitenwand der Kirche.

Sebastianskapelle. Die Kapelle an der Ludwigstraße war früher eine Pestkapelle, die Einweihung fand 1637 statt. Seit 1924 ist das Kirchlein Kriegergedächtniskapelle, aus diesem Jahr stammt auch die Fassadenbemalung. Die Glocken der Kapelle läuten jeden Sonntag um 16 Uhr. Damit lösen die Partenkirchner ein im Pestjahr 1634 abgelegtes Gelöbnis ein.

Alte St. Martin-Kirche. *Der frühgotische Neubau wurde um 1280 errichtet. Nordwand und Turm sind romanischen Ursprungs. Die freigelegten Wandfresken waren zum Teil mit 16 Schichten übertüncht. Imposante Fresken wie der sieben Meter hohe Christophorus (um 1330) befinden sich auf der Nordwand des Langhauses, da man früher von Süden her die Kirche betrat. Auffällig sind auch das Fresko „Jüngstes Gericht“ an der Langhausostwand (um 1430) und die Chorfenster aus dieser Zeit. An die Hexenprozesse im 16. Jahrhundert erinnert der Grabstein der Frau des „Hexenrichters“ Caspar Poysl.*

St. Anton

Kloster und Wallfahrtskirche St. Anton

Ein weiteres kunsthistorisches Juwel ist die St. Antonius-Kapelle im Franziskanerkloster über Partenkirchen. Am 12. Juni wird am Hang ein Antonifeuer angezündet und am Tag danach findet eine Messe im Freien statt. Weithin sichtbar ist der Zwiebelturm, der die Wallfahrtskirche überragt. Die zehn Gehminuten bis dicht über die Hausdächer am Fuße des Wank hinaus lohnen sich, denn im Innern des Gotteshauses befindet sich ein atemberaubendes Deckenfresko, das Johann Evangelist Holzer 1736 in nur 30 Tagesabschnitten geschaffen hat, ein Kleinod, in das sich zu vertiefen lohnt, was aber Zeit erfordert.

Der Überlieferung nach erbauten vier Männer aus Partenkirchen im Jahre 1704 das vordere Rondell der Kirche. Sie wollten damit dem Heiligen Antonius danken, weil er die Tiroler abgehalten hatte, den Ort zu plündern. Die Tiroler hatten den Bayern im Spanischen Erbfolgekrieg bei Oberau eine empfindliche Niederlage zugefügt und Partenkirchen auf dem Rückzug unbehelligt gelassen. Da danach immer mehr Pilger kamen, um den Heiligen aus Padua bei Unfruchtbarkeit, Fieber, Pest, Schiffbruch, Kriegsnöten, Viehkrankheiten und für das Wiederfinden verlorener Gegenstände (daher im Volksmund „Schlampertoni") um Beistand zu bitten, wurde die Kapelle 30 Jahre später vom spätbarocken Baumeister Josef Schmuzer aus Wessobrunn um ein ovales Langhaus, zwei Seitenkapellen und einen Arkadengang erweitert. Von 1938-40 wurde ein Priesterhaus für die Wallfahrtsseelsorger errichtet. Später zogen die Franziskaner ein und machten daraus ein Kloster. Das gesamte Ensemble – Kirche und Kloster – steht unter Denkmalschutz.

Im Kuppelfresko dargestellt ist Antonius von Padua als Fürbitter für die Notleidenden. Zunächst lässt Holzer unter Glockenschlag die Festgesänge „Tedeum" und „Sanctus" anstimmen und im Hauptbild dann eine alte lateinische Hymne, das Responsorium „Si quaeris miracula...". Verse daraus sind in stuckumrahmten Kartuschen zu lesen. Der Rundhorizont schildert von links nach rechts in lückenloser Abfolge mit ausdrucksstarken Bildern die 13 sogenannten Privilegien des Antonius, die Lebensnöte, derer sich der Heilige besonders annehmen soll: Blindheit, Irrtum, Tod, Hunger, Galgen, Pest, Besessenheit, Fieber, Seenot, Kerker, Lähmung, Geldverlust und Gefahr für den reisenden Kaufmann.

Johann Evangelist Holzer. Er war Freskant, Maler, Radierer, schuf Figuren, erstellte Porträts und Thesenblätter. Er kam am 24.12.1709 in Burgeis im Vinschgau zur Welt, besuchte die Klosterschule in Marienberg und war ab 1724 Schüler von Nikolaus Auer in St. Martin im Passeiertal. Als Geselle malte er mit 18 Jahren sein erstes Altarbild für das Kloster Marienberg; 1728 lernte er in Straubing bei Johann Anton März, von 1731-36 bei Johann Georg Bergmüller an der Augsburger Stadtakademie. 1737 erwarb er in Eichstätt den fürstbischöflichen Hofmalertitel und danach holte ihn Kurfürst Clemens August von Wittelsbach, um in der Hubertuskapelle des Jagdschlosses Clemenswerth ein Deckenfresko zu gestalten. Dazu kam es aber nicht mehr, denn Holzer starb dort am 21.7.1740 an Typhus. Der Schriftsteller und Verleger Joachim Heinrich Campe hat 1833 zum Künstler geschrieben: „... Er charakterisierte seine Figuren mit viel Wahrheit, vertheilte meisterhaft Schatten und Licht und belebte seine Vorstellungen durch ein natürliches Colorit. Allein sein Trieb zur Kunst war unwiderstehlich".

Das Kuppelfresko zählt zu den schönsten und bedeutendsten in Deutschland aus dem 18. Jahrhundert und ist Holzers einziges unverfälscht erhaltenes Deckengemälde. Im Kuppelfresko hat sich Holzer in einem Selbstbildnis verewigt.

Auftrieb bekam der Wintertourismus durch die IV. Olympischen Winterspiele im Jahre 1936, mit Auswirkungen auf das ganze Jahr. Als 1978 zum ersten Mal in Bayern alpine Ski–Weltmeisterschaften durchgeführt wurden, war Garmisch-Partenkirchen Austragungsort.
Der Wintersport ist heute der Hauptwirtschaftszweig des Ortes. Große Zugkraft hat die Zugspitze mit dem schneesicheren Zugspitzplatt. Viele Besucher kommen zu den zahlreichen internationalen Wintersportveranstaltungen, zum traditionellen

Wintersport

Neujahres-Skispringen, zur internationalen Vierschanzentournee und zum Kandahar-Abfahrtswettbewerb. An den Hängen von Wank, Eckbauer, Kreuzeck, Graseck, Hausberg, Alpspitze und Osterfelderkopf sind Skipisten aller Schwierigkeitsgrade mit Gondeln, Sessel- und Schleppliften zu erreichen. Auf die Zugspitze kommt man mit der Zugspitzbahn oder von Grainau aus mit der Eibsee-Seilbahn. Im weiten Talgrund wird bei guter Schneelage ein vielmaschiges Loipennetz gespurt.
Aus Garmisch-Partenkirchen kommt die Ski-Rennläuferin Maria Riesch, Doppel-Olympiasiegerin (Kombination und Slalom) der Damen in Vancouver 2010 und zuvor schon Slalom-Weltmeisterin 2009.
Eine erste Sprungschanze wurde im Jahre 1904 durch den damals gegründeten Ro-

Das Olympia-Eissport-Zentrum wurde zu den Olympischen Spielen im Jahre 1936 errichtet und zählt heute zu den modernsten und größten Anlagen in Europa. Untergebracht ist hier auch das Bundesleistungszentrum für Curling und Eisstock und die Eishockey-Spitzenmannschaft SC Riessersee trägt hier ihre Heimspiele aus. Im Olympia-Eisstadion haben 85000 Zuschauer Platz.

del- und Skiklub Partenkirchen auf dem Gudiberg errichtet. 1922 fand auf der „Gudibergschanze" das erste internationale Neujahrsskispringen statt, 1923 wurde sie zur „Olympiaschanze am Gudiberg". 1950 folgte die „große Olympiaschanze" seinerzeit eine der modernsten Skisprunganlagen der Welt. Zur Wintersaison 2007/2008 hatte die neue K125-Schanze Premiere. Die futuristisch anmutende Schanzenanlage ist für Flüge bis zu 150 Metern ausgelegt, der Turm ist 60,4 Meter hoch, die Anlaufstrecke beträgt 103,5 Meter und ist 35 Grad steil.

Riessersee

Am Riessersee ist die alte von 1910-1966 befahrene Bobbahn zu besichtigen. Sie galt als eine der gefährlichsten Oympia-Bobbahnen und steht heute unter Denkmalschutz. Im alten „Bobschuppen“ wird mit historischen Schlitten, alten Bobsport-Utensilien und mit Original-Filmmaterial an die großen Wettbewerbe auf der legendären Rennstrecke erinnert, die vier Menschenleben kostete.

Der kleine Bergsee liegt auf 785 Meter südwestlich von Garmisch-Partenkirchen sehr idyllisch in den Bergen und ist Namensgeber für das Eishockey-Team, das schon mehrfach Deutscher Meister wurde. Um den Riessersee führt ein Wanderweg, von wo aus sich ein grandioser Panoramablick öffnet. Im Winter lädt der See zum Eislaufen und Eisstockschießen ein.

Naturgenuss

Garmisch-Partenkirchen ist stark auf den Wintersport ausgerichtet, bietet aber auch in schneefreien Zeiten nahezu unbegrenzt Sport- und Freizeitmöglichkeiten. Anspruchsvolle bis gemütliche Rad- und Fußwanderungen etwa nach Burgrain und von dort zur Burg Werdenfels, Mountainbike-Touren bis weit hinauf in die Bergwelt, Aufstiege durch die Partnach-Klamm aufs Kreuzeck, zum Eckbauer oder gar bis zur Zugspitze, Erlebnistouren durch die Höllentalklamm, Höhenwanderungen mit Nutzung der Bergbahnen, Rundtouren über den Wank, von wo aus man den gesamten Talkessel überblicken kann, Ausdauertouren auf den Kramer, Klettern, Gleitschirmfliegen und Gletscherwandern: Dem Tatendrang sind kaum Grenzen gesetzt. Bei der Talstation der Wank-Seilbahn ist ein Hochseilgarten angelegt. Abkühlung bieten das „Alpspitz-Wellenbad" und das Freibad am Riessersee. Direkt am Kurpark befindet sich die Spielbank mit Casino.

Das Kalenderjahr ist neben Wintersporterеignissen, Konzerten, Theateraufführungen, Heimatabenden und Brauchtumsveranstaltungen mit zahlreichen Straßenfesten gefüllt. Zünftig geht es bei den Heimatwochen mit historischem Festzug zu und wenn der Herbst aufzieht, steht der Almabtrieb auf dem Programm. Die „Schafmontage" in den Ortsteilen sind ein besonderes Erlebnis. Beliebt sind der Leonhardiritt, der Georgimarkt und die Weihnachtsmärkte. In Garmisch-Partenkirchen gibt es eine Krippenbauschule und eine Hotelfachschule.

Wamberg

Von der B2 von Garmisch-Partenkirchen Richtung Mittenwald knapp einen Kilometer vor Kaltenbrunn zweigt die Straße nach Wamberg ab, das zu den höchst gelegenen Kirchdörfern Deutschlands zählt. Zu Fuß kommt man mit der Eckbauernbahn und einer anschließenden Wanderung von 45 Minuten oder über einen Wanderweg vom Garmischer Klinikum aus (1 Stunde) ebenfalls zum Bergdorf in 1016 Meter Höhe mit seinem schmucken St. Anna-Kirchlein. Das Dorf wird im 12. Jahrhundert erstmals urkundlich erwähnt. Die Kirche wurde 1721 der heiligen Mutter Anna geweiht. Sehenswert ist der künstlerisch wertvolle Hochaltar. Das Altarbild zeigt „Anna Selbdritt" (Anna mit ihrer Tochter Maria und dem Jesusknaben). Darüber findet sich ein Bild der hl. Familie, dem Skulpturen der Heiligen Sebastian, Rochus, Notburga und Isidor beigestellt sind.

Auf dem Berg in stillem Frieden
liegt Wamberg wie weltabgeschieden.
Wo einstens Urwald war gestanden,
dort liebe Heimat viele fanden.

Partnachklamm

Die berühmteste Werdenfelser Klamm, die Partnachklamm, ist seit 1912 Naturdenkmal und zählt zu den hundert schönsten Geotopen Bayerns. Auf rund 800 Metern hat sich der Wildbach ein bis zu 80 Meter tiefes, oft nur wenige Meter breites Bett geformt. Den Eingang zur Klamm erreicht man vom Skistadion in Garmisch-Partenkirchen aus in 20 Minuten; ein Zugang ist auch über den Eckbauer oder über das Forsthaus Graseck möglich. Der schmale, stellenweise dunkle und feuchte Weg, der an manchen Stellen nicht mal Mannshöhe erreicht, wurde Anfang des 19. Jahrhunderts aus dem Felsgestein herausgesprengt. Am Ende der Klamm beginnt das bezaubernde Reintal, in dem entlang der Partnach ein reizvoller Weg zur Reintalangerhütte führt. Ziemlich am Anfang, wo sich das Wasser plötzlich grünlich färbt, hat der Sage nach das Wettersteinmandl einmal ein Fass grüner Farbe verloren, als die gefürchtete Wetterhexe Blitze nach ihm schleuderte. Die Partnachklamm ist auch im Winter zu durchwandern, wenn Eiszapfen und Schneebrücken den tosenden Wildbach in eine wundersame Umgebung betten.

Eibsee

Eingebettet zwischen dem Wettersteinmassiv im Süden und dem Steinriglwald, dem Rosskopf und dem Seeberggrat im Süden liegt abgeschieden vom Verkehrsrummel und versteckt hinter lockeren Waldungen der Eibsee. Mit seinem einzigartigen Farbenspiel, das je nach Witterung, Tageszeit und Blickwinkel von freundlichem himmelblau bis türkis, von stahlblau bis bedrohlich schwarz wechselt, ist er das eindrucksvollste Gewässer nicht nur des Werdenfelser Landes, sondern der bayerischen Alpen. Seinen Namen hat der Eibsee von den Eiben, die an seinen Ufern früher zahlreich wuchsen. In einer Urkunde von 1249 wird er „lacus Ibsee" bezeichnet. 1513 wird im Zusammenhang mit einer Fischereiverpachtung das erste Anwesen genannt.

Der Eibsee ist vor etwa 3700 Jahren entstanden, als bei einem gewaltigen Bergsturz rund 400 Millionen Kubikmeter ins Tal stürzten und den Kessel gruben. Zahlreiche unterseeische Kuppen weisen Tiefen von weniger als drei Metern auf. Die einzigen nennenswerten oberirdischen Zuflüsse sind der Kotbach, der in die Nordwestspitze des Sees mündet, sowie der Weiterbach im Süden. Da kein oberirdischer Abfluss vorhanden ist und Wasser aufgrund der Beckenlage nur unterirdisch abfließen oder versickern kann, zählt der Eibsee zu den Blindseen. Der Eibsee hat 29 Mulden und acht Inseln. Die größte ist die Sasseninsel. Bewohnt ist keine von ihnen. Auf der Maximiliansinsel aber steht eine kleine Holzhütte, in der auf besonderen Wunsch Trauungen vollzogen werden können.

Der See ist in Privatbesitz. 1894 ersteigerte August Terne die „Zigeunerlache", wie der See damals abschätzig genannt wurde, für 10000 Goldmark und erregte damit im gesamten Werdenfelser Land Aufsehen. Als erstes ließ der Erwerber eine regelmäßige Verbindung zwischen der Poststation Murnau und dem See einrichten, was sich bald bis München herumsprach und Gäste anlockte. 1900 ließ er ein Gasthaus am See errichten und bald wurde auch ein Hotel gebaut. Das Gebirgshotel war nach dem Zweiten Weltkrieg „recreation area" für Amerikaner und wenn man in die Gästeliste schaut, finden sich dort Namen wie Hans Albers, Carl Friedrich von Weizsäcker, Helmut Schmidt und Günther Jauch. In dem Hotel komponierte Richard Strauß des Öfteren, der Kunstflieger Ernst Udet bereitete sich hier auf seine tollkühne Landung auf dem Zugspitzplatt vor, und seine Heiligkeit, der 14. Dalai Lama erholte sich hier.

Im Nordosten ist der Untersee durch eine Seichtstelle vom Hauptteil des Sees, dem Weitsee, fast abgetrennt. Über eine kleine Brücke führt ein Wanderweg entlang des Eibsee-Nordufers. Zu den vollständig abgetrennten kleinen Nachbarseen gehören im Süden der Frillensee und im Norden Braxensee, Steingringpriel, Steinsee und Froschsee. Der Eibsee ist bei Anglern sehr beliebt. Hauptsächlich werden Hechte,

***Badersee.** Ein kleines Naturjuwel ist der Badersee mit seinem kristallklaren, smaragdgrünen Wasser. Seinen Namen hat der See vom Bauern „Bader" aus Untergrainau, der ihn 1835 an das Gut Schwaigwang verkaufte. 1871 wurde am Ufer das erste Hotel errichtet. Unter dem Wasserspiegel sprudelnde Quellen lassen den See nicht zufrieren. Besonders empfehlenswert und reizvoll ist eine Ruderbootfahrt zur sogenannten „Nixe am Boden des Sees", einer im See versenkten Nixenskulptur, die vom Grund heraufschimmert.*

Bachforellen, Regenbogenforellen, Renken, Karpfen und Schleien geangelt.
Zahlreiche malerische Buchten und idyllische Freibadeplätze laden zum Erholen oder zum Schwimmen ein, auch wenn es im Frühjahr etwas dauert, bis sich das Wasser erwärmt hat. Am Ufer des Eibsees gibt es eine Badeanstalt, einen Bootsverleih, das Hotel und einen Imbiss. Mit dem kleinen Fahrgastschiff „Reserl“ kann man sich über den See schippern lassen. Im Winter ist Eissport möglich. Vom Ostufer aus hat man einen guten Blick auf die Kabinenseilbahn auf die Zugspitze. Eine Seilbahnfahrt gibt einen besonders faszinierenden Blick auf den Eibsee frei
Auf einem Seerundweg von etwa sieben Kilometer Länge kann man den herrlichen Ausblick auf die Bergwelt und den See genießen. In der Nähe des Sees gibt es einen Natur-Hochseilgarten.

Grainau

Grainau ist Zugspitzdorf und Heilklimatischer Kurort, schmiegt sich direkt an den Fuß des höchsten deutschen Bergs und bietet vor grandioser Bergkulisse „ganzjährig Saison in reiner Natur". Zur Gemeinde in den grünen Hügeln, die vor rund 3700 Jahren ein gewaltiger Felsabsturz vom Waxensteinkamm aufwarf, gehören Obergrainau entlang des Alplebaches und Untergrainau am Krepbach, Hammersbach und Schmölz sowie der Weiler Eibsee mit dem gleichnamigen Gewässer, der Badersee und die Höllentalklamm. Grainau ist bayerischer Kinderland-Ort, ausgezeichnet mit drei Bärchen.

Erstmals wird der Ortsname im Jahre 1305 im Urbar des Hochstiftes Freising als „Gruenawe" genannt, in dem von drei Schwaigen die Rede ist. Abgeleitet vom mittelhochdeutschen „Ouwe" und „gruen" steht Grainau für „wasserreiches Wiesenland".

Ober- und Untergrainau hatten sich Anfang des 17. Jahrhunderts zu getrennten Dörfern innerhalb der Grafschaft Werdenfels entwickelt und gehörten zum Untergericht Garmisch. Mit der Säkularisation 1803 wurden die Dörfer zum Kurfürstentum Bayern geschlagen. 1937 erfolgte die Zusammenlegung zur Gemeinde Grainau.

Die Viehhaltung bildete über Jahrhunderte die Erwerbsgrundlage. Durch Waldarbeit, gelegentliche Fuhrdienste oder Heimarbeit (Drechseln), zuweilen im Bergbau sowie ab 1750 in einer Sensenfabrik in der Schmölz, konnten Grainauer ihre wirtschaftliche Situation verbessern. Zu Zeiten der Grafschaft waren dem Steuerbuch von 1678 nach alle damals bestehenden 43 Anwesen „frei und eigen", lediglich der Eibsee und einige Wiesen wurden vom Freisinger Fürstbischof als Leibgeding verliehen.

Ab dem 15. Jahrhundert wurde unter dem Kreuzeck und bei den Knappenhäusern Eisenerz abgebaut. Das Bergwerk wurde 1749 stillgelegt. Anfang des 20. Jahrhunderts begann der Abbau von Bleierz, das Bergwerk wurde nach dem Ersten Weltkrieg aufgelassen.

Die Siedlungen hatten nur wenig unter Kriegseinwirkungen zu leiden. Obergrainau blieb aber von Feuer und Wasser nicht verschont. Am 12. März 1779 vernichtete ein Großfeuer 14 Häuser und die Kirche. Nur ein knappes Jahrzehnt später schob

sich im Alplebach eine Mure zum Dorfplatz und machte Häuser unbewohnbar. Mit der Inbetriebnahme der Eisenbahnlinien wurde das Gebiet für den Fremdenverkehr immer mehr erschlossen. Von 1930 an brachte die Bayerische Zugspitzbahn Touristen ab Grainau als Zahnradbahn bis zum Zugspitzplatt. 1963 wurde die Eibsee-Seilbahn eröffnet.

Grainau hat einen Kurpark mit Kurhaus, im Zugspitzbad kann der Gast vom Wetter unabhängig entspannen und Zelt- und Campingfreunde finden unweit der Loisach Lagerplätze. In Grainau gibt es seit etwa 50 Jahren die „Jungbauernschule" der Bayerischen Jungbauernschaft, ein Seminarhaus, das Gruppen aller Art zur Verfügung steht. Das Grundgebäude war ursprünglich eine Tanzgaststätte, die von Bobfahrer-Legende Anderl Ostler betrieben wurde.

Alle zwei Jahre findet das Historische Bergrennen Grainau – Eibsee um den Zugspitz-Cup statt. Für Freunde alter Motorräder und Automobile ist dies ein gern besuchtes Großereignis.
Grainau ist auch Ausgangspunkt zur Eroberung von Zugspitze, Alpspitze und Höllentalklamm.

Spaziergänge sind auch zur Kapelle St. Josef in Untergrainau, zur Marienkapelle in Hammersbach, die aus den Steinen der „Hammersbacher Burg" errichtet wurde, zur Kriegergedächtnis-Kapelle am Höhenrain, zu Maria Krönung am Schwarzenkopfweg und zur Erlöserkirche in der Zugspitzstraße zu empfehlen. Sehenswert ist auch der 1835 angelegte Bergfriedhof.

Hammersbach. Im Zusammenhang mit der Errichtung einer Hammerschmiede wird 1419 erstmals ein Hammersbacher Hof erwähnt. Der Name geht auf das Geschlecht der „Hamerspacher" aus Hall in Tirol zurück, die bis zu Beginn des 16. Jahrhunderts im Alpspitzgebiet Bergbau betrieben. In der ersten Hälfte des 15. Jahrhunderts hatten sie auf dem „Turmanger" über der heutigen Kapelle einen Wohnturm errichtet, die „Hammersbacher Burg". Ab etwa 1600 verfiel das Gebäude zur Ruine. Der Weiler Schmölz verdankt seine Entstehung ebenfalls dem Bergbau. 1483 ging die erste Eisenschmelzhütte in Betrieb. Weitere Schmelzhütten und Arbeiterunterkünfte entstanden im 16. und vor allem im 18. Jahrhundert. Aus einer dieser Arbeiterunterkünfte entstand um 1745 das erste landwirtschaftliche Anwesen.

Kinderland-Ort. *Gästehäuser und Freizeitmöglichkeiten sind in Grainau auf Familien mit Kindern abgestimmt. So gibt es Erlebnispfade wie „Sagenhafter Bergwald", auf dem die Kleinen die Natur spielerisch erfahren können und auf denen Legenden um das Höllental und die Waxensteine lebendig werden. Der „Waxl", der zünftige Bär vom Waxenstein, begleitet die Kleinen in den Bergwald und gibt viele wichtige Tipps mit auf den Weg.*

Das Postkartenbild von St. Johannes der Täufer ist weltbekannt: Auf einer Anhöhe die Kirche, in Stufen den Hang hinab der Kirchhof und dahinter wie eine Kulisse die Gebirgskette mit dem großen und dem kleinen Waxenstein. Die Kirche, 1697 als Kapelle gebaut, wurde 1738 erweitert. Nach dem großen Obergrainauer Dorfbrand wurde sie wieder aufgebaut. Die Fresken im Langhaus, im Chor und in der Apsis schuf Franz Seraph Zwinck aus Oberammergau. Ihre heutige Form erhielt die Kirche 1926/27. Bei der Ausmalung des Kirchenraums hat der Münchner Kunstmaler Johann Michael Schmitt zwei Bilder in die Grainauer Landschaft platziert: Im Fresko „Mariens Gang durch das Gebirge" mit den Waxensteinen im Hintergrund und auf dem Altarbild ist die Taufe Jesu an den Eibsee verlegt.

Marienkapelle Hammersbach

Höllentalklamm

In Jahrmillionen haben sich Schmelz- und Regenwasser durch das Felsgestein gearbeitet und so ihre Wege ins Werdenfelser Land gefunden. An den Durchbrüchen von Hammersbach, Partnach und Leutascher Ache sind so talnahe Naturwunder entstanden, die mit ihren bizarren Wildwasserschluchten mit zuweilen über hundert Meter senkrecht aufragenden Felswänden überwältigende Eindrücke von der Kraft des Wassers hinterlassen: die Klammen. Durch oft nur wenige Meter breite Engen bahnt sich das reißende und gischtende Wasser über abgeschliffene Felsen und Kaskaden springend und Felsblöcke umstrudelnd den steinigen Weg ins Tal. Vor und hinter den Klammen bieten sich meist erholsame Wanderungen entlang der Flusstäler an.

Wilde Klamm. Sie ist die wildeste der Klammen und verlangt den weitesten Zustieg. Vom Zugspitzbahnhof im Grainauer Ortsteil Hammersbach aus geht der Weg zur Eingangshütte der 1026 Meter langen Klamm, die durch das persönliche Engagement von Ingenieur Adolf Zoepritz und einheimischer Bergführer zu Beginn des 19. Jahrhunderts unter Inkaufnahme höchster Strapazen passierbar gemacht wurde. Vom Ende der Höllentalklamm bietet sich ein reizvoller Anstieg zur Höllentalangerhütte an, von wo aus ein Blick auf Waxensteine, Riffelwände sowie den Höllentalferner mit der sich dahinter aufbauenden Zugspitze möglich ist. Der Hammersbach plätschert hier oben gemächlich durch die grüne Wiesenlandschaft – größer könnte der Kontrast gar nicht sein. Die Höllentalklamm ist nur in den Sommermonaten zu begehen.

In der 1783 erstmals erwähnten Marienkapelle bei der Hammersbacher Hütte am Eingang zur Klamm können sich Paare trauen lassen und danach eventuell auf Schatzsuche gehen, der in der Umgebung der Überlieferung nach versteckt sein soll. Im 15. Jahrhundert wurde bei der Hammersbacher Alm Eisenerz abgebaut. Später haben die Freisinger Fürstbischöfe auch den Abbau von Schwefelkies genehmigt. Die Minen wurden 1745 eingestellt.

Literatur

- Geographie Deutschlands. Rüdiger Glaser, Hans Gebhardt, Winfried Schenk 2007, Wissenschaftliche Buchgesellschaft Darmstadt
- Bayerische Geschichte. Benno Hubenstei-ner 1997, Ludwig-Verlag
- Die Chronik Bayerns. Bodo Harenberg 1987, Chronik-Verlag
- Bayerische Landesgeschichte. Reinhard Heydenreuter, Birgit Strobl 2009, Hanns-Seidel-Stiftung
- Bayerische Attraktionen. Richard Kerler 1987, Ludwig-Verlag
- Bayern. Geo-Spezial Redaktion 2005, Gruner+Jahr-Verlag
- Oberbayern. Lydia L. Dewiel, Hans-Peter Rasp 1989, Süddeutscher Verlag
- Der oberbaierische Festtäg- und Alte-Bräuch Kalender. Jahrgänge 2003 bis 2010, Raab-Verlag
- ADAC – Reiseführer Garmisch-Partenkirchen, Oberbayern. Lillian Schacherl, Franz Kölbl, Herbert Meider, Medien-Verlag Schubert
- Wandern im Pfaffenwinkel und Werdenfelser Land. Dumont aktiv
- Zugspitze und Umgebung, Wandern kompakt. Bruckmann-Verlag
- Berge - Karwendel/ Zugspitze. Michael Pause 2007, Olympia-Verlag
- Bayerische Alpen. Bergsteiger-Redaktion 2003, Bruckmann-Verlag
- Oberbayern (Voralpen und Alpenvorland). Lillian Schacherl, Prestel-Verlag München
- An Ammer und Amper. Norbert Göttler 1992, Bayerland-Verlag
- Bayerische Sagen. Alexander Schöppner 1990, Weltbild-Verlag
- Unsere bayerische Landschaft. Siegmar Gerndt, Prestel Verlag München
- Schönere Heimat. Verschiedene Hefte, Bayersicher Landesverein für Heimatpfle-ge e.V.
- Städte- und Gemeindeverzeichnis. Bezirk Oberbayern 1998, HZ-Verlag
- Bavaria, Land und Leute im 19. Jahrhundert. J.F. Lentner, Hrsg. P.E. Rattelmüller 1988, Süddeutscher Verlag
- Werdenfelser Land. Marion Golder, Walter Mayr, Kirsten Dörmann, 2001, Eller und Richter
- Bauernbrauch und Volksglaube. Karl von Leoprechting, Neudruck Süddeutscher Verlag
- Feste und Bräuche im Jahreslauf. Johanna Woll 1995, Verlag Eugen Ulmer
- Lebendiges Brauchtum in Werdenfels. Adolf und Hildegard Rehm 1995, J.P. Himmer
- Der bayerische Heiligenhimmel. Paul Werner, Richilde Werner, Plenk-Verlag
- Christliches Brauchtum. Hermann Kirchhoff 2007, Kösel-Verlag
- Feste und Bräuche. Sybil Gräfin Schönfeldt, Lizenzausgabe RM Buch und Medien Vertrieb GmbH
- Wie's in Bayern der Brauch ist. Albert Bichler 1998, W. Ludwig-Verlag
- Kleines Lexikon des Christlichen Brauchtums. Alfred Läpple1996, Pattloch-Verlag
- Volksbräuche in Bayern. Von deutscher Sitt und Art, F.J.Bronner 1908, Kellerer-Verlag, Reprint Archiv-Verlag
- Lexikon Bayerischer Ortsnamen. Wolf-Armin Frhr v. Reitzenstein, C.H.Beck
- Handbuch der Historischen Stätten. Hans-Michael Körner, Alois Schmid, Alfred Kröner-Verlag
- Historischer Atlas von Bayern. Kommission für Bayerische Landesgeschichte 1953, Bayerische Staatsbibliothek
- Auf den Spuren König Ludwigs II., Hans F. Nöhbauer 1986, Prestel-Verlag
- Matthäus Günther. Städtische Kunstsammlungen Augsburg 1988, Klinhardt & Biermann München
- Das Land ist gut, lieblich anzusehen. Adelheid Wagner-Jüde1992, Keysersche Verlagsbuchhandlung
- Garmisch-Partenkirchen. Franz Kölbl, Herbert Meider 1997, Medien-Verlag

- Wir danken allen Gemeinde- und Pfarrverwaltungen, den Tourismusverantwortlichen, dem Deutschen Alpenverein, den Archivaren und Museumsleitern in der Region sowie allen Vereinsvorstandschaften für die im Internet, in Broschüren, Chroniken, Jahresheften, und Kirchenführern zur Verfügung gestellten Informationen.

Manfred Amann

Hubert Mayer

Impressum

Autoren:
Manfed Amann, Alling
Hubert Mayer, Zankenhausen

Herausgeber und Verlag:
Verlag Anton Plenk
83471 Berchtesgaden
Koch-Sternfeld-Straße 5
Telefon 08652/4474, Fax 66277
E-Mail: plenk-verlag@t-online
http://www.plenk-verlag.com

Lektorat:
Stefanie Zweckl, Bischofswiesen

Druck:
Printer Trento, Trento (I)
1. Auflage Herbst 2010

Titelbild: Zugspitze
Umschlag innen: Karwendel
Umschlagrückseite innen: Zugspitze

ISBN 978-3-940141-51-4